FOLIES

DE LA JEUNESSE

DE SIR

S. Peters TALASSA - AITHEÏ.

Omnia vincit amor, et nos cedamus amori.

A LONDRES.

1777.

Il n'y a eu que quinze Exemplaires imprimés de
cet Ouvrage.

ESPIEGLERIES,

JOYEUSETÉS, BONS-MOTS,

FOLIES, DES VÉRITÉS.

ENVOI

A Mr.   I   I   N   P
           D   B   L
A   C   D   L
    L G

O vous qu'on aime, et qu'on estime,
Pour votre esprit aimable, et pour votre bon
coeur ;
Vous qu'Apollon, et les muses en chœur
Attendent sur la double cime ;
Je vous offre CES RIENS qui sont dûs au moment.
Auteur de bonne compagnie,
Catule, de la poésie
Fit jadis son amusement.
Au rival du chantre d'Achille
Il envoya des vers sur la mort d'un moineau :
Ami, vous savez si Virgile
Lui sut bon gré de son cadeau.

L'ESPRIT DES MOEURS

AU XVIIIe SIECLE,

OU

LA PETITE MAISON,

Proverbe en 2 Actes, et en prose,

Traduit du Congo.

Il fut représenté à la Cour de Congo, en 1759, et devoit l'être, en 1776, le Jeudi de la premiere Semaine de Carême, sur le Théâtre de Mlle. GUIMARD, s'il en faut croire le Manuscrit trouvé à la Bastille, le 15 Juillet de 1789. IIIe. ÉDITION.

Oui, je te le conseille : oui ; sans humeur jalouse,
Débonnaire mari , laisse en paix ton épouse
Rentrer au point du jour, les cheveux tout dé-
         faits ,
La gorge découverte , œil cave , teint livide ;
Et montrer, sans pudeur, aux regards des laquais
De vestiges suspects , sa robe encore humide.

    JUV. SAT. ONZ. V. 184 et suiv.

ENVOI

A DORINE,

Dame de Charité sur sa Paroisse.

Si vous cherchez, DORINE, à me connoître,
N'écoutez point les publiques rumeurs :
Trop libre, je le sais, ma Muse peut paroître ;
Mais j'aime la vertu, mais j'eus toujours des
mœurs.

ENCORE A VOUS.

PREMIER JANVIER 1780.

O vous qui, n'agueres, apparteniez à la sainte Eglise Romaine, et qu'aujourd'hui l'on voit plus dans les temples de Melpomene et de Polymnie, que dans la nef de votre paroisse ; je vous envoie le breviaire des coulisses de l'Opéra. Si vous vous recueillez pour le lire, vous vous préparerez merveilleusement au grand ou petit office, dont Vénus est si friande, et auquel presque tout le genre-humain est dévot de si bonne-foi.

Puissent les dieux d'Epicure et de Lampsaque, vous prenant toujours sous leur double protection, vous tenir en santé et joie, au profit de la dame de vos pensées.

Je ne fais pas pour vous d'autres souhaits : ce sont les seuls que j'adresse au ciel pour moi même.

AVERTISSEMENT.

LE vrai titre que nous devions donner à ce proverbe, comme on s'en convaincra, après la lecture, est LA FOLLE JOURNÉE ; mais nous avons cru devoir en mettre un autre à la premiere page, pour éviter qu'on ne le confonde avec une comédie gaie qui a eu justement au Théâtre le plus grand succès ; ouvrage pourtant qui ne semble être que la simple esquisse de notre grand tableau, commencé en 1759, et terminé depuis.

On n'a pas traduit mot à mot le Poëte Comique Africain. En donnant à ses personnages des habits Fran-

çois, **on a** été souvent obligé d'adou-
cir les termes de la langue du Congo,
énergique et brûlante, comme le soleil qui échauffe ces climats. On se
flatte cependant d'avoir conservé encore aux expressions assez de force
pour faire juger de l'original. Autant
qu'il a été possible, on a fait ensorte
de trouver des équivalens ; et en tout,
on a lieu de croire que les Savans qui
possedent l'idiôme, dont nous leur
offrons une version assez fidelle,
auront peu de regrets aux retranche-
mens et changemens que nous nous
sommes permis.

ACTEURS.

Le Marquis de **PALMARÈZE**. Il a mérité ses malheurs. Il est Chevalier des ordres du Roi de Congo ; il est vêtu magnifiquement.

La Marquise de **PALMARÈZE** , Dame du palais de la Reine de Congo. C'est l'héroïne de cette Comédie ; on s'en appercevra aisément.

Le Baron **ILLACARÈ** , Colonel Suisse. Son nom de bon augure, annonce un beau mérite physique. Depuis six mois, seulement, paroît dans le monde, ce grand garçon, bien fait ; blond, lorsqu'il est poudré ; roux, quand il est sans poudre. Son maintien est noble : il a dans la physionomie quelque chose d'un peu dur, mais dans le caractere beaucoup de liant ; ce qui fait qu'on lui passe un défaut quelquefois fort agréable. Ardent dans ses amours, autre bonne excuse, le baron a le cœur tendre ; il est de plus très-vif et très-ferme dans ses caresses. Frappées de sa bonne mine, toutes les femmes recherchent sa connoissance. La Marquise est bien aise de s'assurer si le baron tient tout ce qu'à l'extérieur il promet. Jusqu'à présent il a été fidelle à sa promesse.

Mademoiselle de LESBOSIE, jeune innocente, qui, en peu de temps, a fait de grands progrès dans la science du plaisir. La fleur de la santé s'unit sur son visage à celle de la jeunesse. Un teint brillant, les plus beaux yeux du monde, et noirs comme du jai; la bouche mignonne et fraîche, bordée de roses; des dents d'ivoire; le plus fin sourire; une taille divine et flexible; une tournure charmante, point d'art; c'est l'enfant de la nature avec toutes ses graces : c'est, comme on dit vulgairement, un morceau de Roi.

Le Comte CATSO DI COULO, Florentin.

Le Chevalier de VERVILLI. Rien ne le distingue bien particulierement, sinon qu'en sa qualité de Chevalier de Malte, il pousse la dépravation des mœurs à l'excès. Il est l'ame de toutes les parties semblables à celle dont on met le tableau sous les yeux du spectateur. Il passe pour être du meilleur ton ; il se cite sans cesse en exemple, et se donne pour modele à tous les jeunes gens de qualité, qui, entrant dans le monde, veulent s'y faire une réputation. En derniere analyse, le Chevalier n'est qu'un fat qui a du jargon, peut-être même de l'esprit ; qui a débuté à la cour avec les avantages d'une charmante figure, aujourd'hui déja un peu fatiguée ; d'un nom qui mene à tout, sans presqu'aucune autre récommandation. Les femmes ont fort avancé et dérangé sa santé : il a pourtant encore une petite maison. Il est vrai que, parmi ses camarades, on sait, à n'en pouvoir douter, qu'il n'en fait plus guere usage pour son compte ; mais il a grand nombre d'amis et amies auxquels il la prête. Il est en chenille de l'élégance la plus recherchée et du meilleur goût.

Le Président de GUIBRAVILLE, le meilleur maquignon de Paris, et l'homme le plus adroit pour parer un coup de fouet ; ce qui lui a été très-utile plus de vingt fois dans sa vie. Il n'a jamais lu un livre de droit ; mais il a toute la morgue, ou plutôt la fatuité pédantesque d'un homme de robe qui ne sait rien, et qui croit en imposer par des airs. Il est roué comme tant d'autres, qui n'ont pas même l'excuse d'un fort tempérament pour être libertins. Il est, à-peu-près, vêtu en jokeys ; habit tout-à-fait décent pour un magistrat de la premiere cour souveraine du royaume ; puisque le parlement de Paris est essentiellement la cour des pairs ; prérogative décidée pour l'éternité des siecles, comme le croyent messieurs ; ce dont pourtant plusieurs visionnaires, comme moi, doutent beaucoup ; encore qu'ils aient le plus profond respect pour messieurs, et la plus extrême confiance dans leurs lumieres et leur savoir prophétique.

Le Vicomte de SARSANNE. Il n'a que vingt ans ; c'est l'Hercule de la Cour : son brevet lui en a été expédié par dix demoiselles de l'Opéra un jour d'assemblée. C'est le phœnix des coulisses. Il fait tout avec graces. Il invente presque toutes les modes. Parle-t-on d'une fête, d'une bataille ? Pour lui,

c'est

c'est la même chose : toujours il plaisante, persifle, chante ou pirouette. Papillon brillant et léger, il voltige de fleurs en fleurs : c'est l'homme divin, l'homme par excellence ; enfin l'homme du jour.

L'abbé de VEZAC, grand vicaire, ou vicaire-général de Condom, prieur de Sorbonne. Il est en licence, comme on l'imagine aisément. A la veille de prendre le bonnet de docteur, ses amis, qui sont ses parens, achevent et perfectionnent son cours d'étude et de morale pratique. A cet effet, depuis six semaines, de deux jours l'un, assez régulierement on le mene, autant déguisé qu'il est possible, chez les demoiselles les plus célebres de nos spectacles, et d'ailleurs, où il soupe avec les libertines les plus aimables et de la Cour et de la ville. Aussi trouve-t-il ce genre de vie plus digne d'un ecclésiastique, destiné à la prélature, que les exercices pieux et ridicules des séminaires, et même que ceux de l'espece de collége qu'il habite, quoiqu'on y introduise, sans beaucoup de difficulté, de jeunes filles , qu'on dit être les freres ou les cousins de ceux qui les reçoivent. Mais M. de Vezac commence à trouver insupportable la gêne des maisons régulieres, ce qui annonce qu'il ne sera pas gênant , ou plutôt qu'il se gênera peu, une fois parvenu à l'épiscopat. Il montre les plus heureuses dispositions pour être un parfait vaurien , un modele d'abbé de cour, lesquels , comme on sait , sont quatre fois plus mauvais sujets que les gens de la même robe , qui n'ont point un rapport direct , une habitude journaliere, et de service à Versailles, et chez les duchesses. Finalement, et , pour tout dire en peu de mots, la soubre - veste d'un mousquetaire lui conviendroit mieux qu'un manteau ecclésiastique.

L'abbé de GUERINDAL. Un de ces caméléons , dont fourmille la capitale : c'est essentiellement un mauvais sujet , se mêlant de tout, sans être propre à la moindre chose honnête et utile, ayant du jargon et la routine de Paris, aulieu d'esprit ; de la mémoire, au lieu de connoissances ; de l'intrigue en petit, une souplesse basse, sûrs moyens de succès pour ces honteuses especes. Au ton que prend la marquise avec son abbé, on reconnoît quelle l'apprécie parfaitement. Elle se soucie peu d'en être estimée ; elle ne lui fait pas même l'honneur de le craindre, en cas d'indiscrétion ; en quoi elle a grandement tort. L'abbé est en surtout violet, bordé d'une gance d'or, avec des boutons d'or ; un chapeau rond, un bourdaloue en or, glands pareils, une badine à la main. Sa coëffure est fort dérangée.

NECELLE , EGLANTE , ADELINE , actrices de l'Opéra-comique, du meilleur ton ; pleines d'esprit. Ces trois filles charmantes doivent donner aux amateurs l'idée des trois Graces, passablement libertines, à la vérité, comme l'étoient celles de Cythere. En indiquant le spectacle de MONET, nous croyons bien faire entendre que, même sur les planches de l'Opéra, on n'a jamais rien vu de si joli, de si frais, de plus aimablement polisson que Necelle, Eglante et Adeline. Chacune d'elles est la séduction personnifiée. Je les ai eues toutes trois ; qu'on juge de mon bonheur. Il est à propos de faire attention que l'on écrivoit ce drame, en 1759, époque la plus brillante des spectacles forins ; temps où les demoiselles employées à l'Opéra-comique étoient plus recherchées , et par cette raison, plus cheres, de beaucoup, que les danseuses de l'Académie Royale de danse.

JUSTINE, femme de chambre et de confiance intime de Madame de Palmarèze. Elle est de la famille des Martons, famille si connue au théâtre , si complaisante et si utile dans un certain monde. On voit que Justine n'a point encore dégénérée; mais que son emploi auprès d'une virtuose, telle que la Marquise , pourroit bien la fatiguer , la dégoûter de son état, et ce seroit fâcheux.

DISCRETO , napolitain, concierge de la petite maison du président. Il est comme domestique-homme, ce que sont en femmes les Duegnas espagnoles, toujours fidelles à remplir les intentions de leurs maîtres ; toujours séveres et inflexibles, tant qu'on ne les sollicite pas, la bourse à la main ; car dès-lors ces dragons de vertus s'endorment, et laissent voler les pommes d'or du jardin des Hesperides. Ce Discreto est un futé matois, propre à toutes sortes de métiers : on l'a vu bardache, clerc de chapelle, secrétaire et mercure d'un cardinal, laquais des filles entretenues, et toute autre chose, selon les temps, les occasions, les profits et les femmes de chambre. Il a appris le latin. Sa mere, qui l'envoya aux études, depuis les basses classes, jusques en théologie, le destinoit à la prêtrise. L'espérance et la folie de toutes les familles italiennes, même dans l'ordre de la populace, est d'avoir des enfans prêtres ou moines, se flattant qu'ils porteront un jour la thiare pontificale. Il est depuis long-temps à Paris, où il a été amené par un nonce du pape. Souvent corrigé pour sa suffisance, imitée de celle de son maître , il a fait quelques mûres réflexions , dont il est au moment de profiter.

Il est inutile d'avertir que Discreto est insolent et bas , bavard , menteur , escroc , calomniateur , débauché , etc. , c'est-à-dire, qu'il a toutes les qualités des personnes qu'il a servies , réputées gens de la meilleure compagnie.

BROCHURE , colporteur - espion , qui ne manque pas d'un certain esprit , et qui , s'il ne se fut pas vendu à la police , auroit pu , en faisant quelque journal , dévoué à la favorite et aux ministres , parvenir , avec un peu d'intrigue , et la ressource des cabales , à être de l'Académie Françoise.

BEDRUGNIERES , homme à toutes mains ; ame de boue , cœur de fer , exempt de police ; un de ces hommes audacieux qui paroissent braves , quand ils peuvent dire : DE PAR LE ROI , et qu'ils sont accompagnés d'une armée de satellites pour arrêter un homme.

ARCHERS. Quand on a parlé des chefs ,

on a peint le caractere de ceux qui servent sous leurs ordres. Il suffit de dire qu'il n'y a point dêtres plus vils et plus odieux , sous tous les rapports. Il faut qu'ils aient l'air insolent , et que le plaisir de mal faire anime leur figure d'une joie infernale.

La scene est à Paris , dans la petite maison du Président de Guibraville. On est dans les plus grands jours de l'année, c'est-à-dire, vers le 25 de juin. Il est à-peu-près sept heures et trois quarts , lorsque le président arrive avec sa compagnie. On allume les bougies au second acte , à la neuvieme scene.

Nota bene. On observe aux personnes qui auront envie de représenter ce drame érotique , plus difficile à jouer qu'aucun autre , parce qu'il exige nécessairement d'excellens acteurs , et qu'on n'en trouve plus gueres ; on observe , dis-je , qu'à volonté on abrégera les conversations pour multiplier les faits. C'est sur-tout par l'action que vit la comédie ; mais il faudra bien se garder d'abréger les faits, et de multiplier les conversations. Ce seroit absolument contre l'esprit dans lequel l'auteur a écrit sa piece, qui n'est pourtant pas la sienne, puisqu'elle est composée de ce qu'on a dit, lu et vu par-tout. Il sera facile aussi, selon les temps, de changer les noms des acteurs et des actrices, et de prendre ceux des personnes en grande réputation DE CELA ; ce qui ne pourra que contribuer au succès de cette Atellane.

Pourroit-on imaginer, qu'après ces observations on ait pu donner dans le contre-sens de délayer ce proverbe dans un parlage à prétention d'esprit, dans un bavardage sans fin, anti-comique, anti-actionnel ? Du second acte, assez chaud, assez rempli de mouvement, correspondant assez au pre-

mier, on en a fait deux mortellement tris-
tes, par le plus extrême abus des mots.
J'ai entre les mains un exemplaire imprimé
de cette atellane où l'orthographe et la
ponctuation sont aussi négligés que le bon
sens : c'est un Pastiche, un Salmigondi. On
y trouve des transpositions de scenes, aussi
ridicules qu'il est possible, et des conversations éternelles, dans lesquelles on croit
avoir fait preuve d'esprit, de finesse, de
bon ton et de gaîté, tandis qu'on a prouvé
seulement qu'on sait parler le jargon du
jour, qu'on est prolixe et ennuyeux, sur-
tout au sein de la plus vive gaîté.

Celui qui s'est livré à cette besogne, n'a pas
la moindre idée de l'art de la comédie,
ni de la vraie joie, en quoi il est bien plus
à plaindre. Pour sûr, il n'a jamais ri de
sa vie : plus sûrement encore, il n'a jamais excité le rire, à moins que ce ne
soit celui de la pitié. Il y a des gens bien

malheureux ! ils gâtent tout ce qu'ils touchent. Ce sont les véritables harpies de la
Fable.

Nous rétablissons ce drame, comme il a été
arrangé par Mad. de Parmarèze. Sa prétention se borne à prouver qu'elle a étudié ,
et qu'elle connoît la nature ; par conséquent,
elle ne prodigue pas les paroles, là, où il faut
de l'action et une action vive. Qu'avec des
femmes , tels académiciens soient verbeux ,
cela paroîtra naturel ; mais Hercule , en
pareilles occasions , ne disserte pas. Il va
au fait ; il agit. Dans une seule nuit il mé-
tamorphose cinquante pucelles en autant de
femmes. Voilà le modele qu'il faut toujours se proposer, quand il est question
d'érotisme.

LA FOLLE JOURNÉE,

OU

LA PETITE MAISON.

Dès l'instant qu'elle croit Claudius endormi,
Messaline, le cœur dans le crime affermi,
Préférant un grabat, en sa fureur brutale,
Quitte furtivement la couche impériale.
Alors, à la faveur des ombres de la nuit,
Dans un repaire impur Lisisca la conduit :
C'est là que, sous ce nom, la conrtisanne
auguste,
Tous ses appas à nud, se livre au plus robuste;
Et bientôt, n'écoutant que sa brutalité,
Jeune ou vieux, foible ou fort, aucun n'est
rébuté.

Mais du jour, cependant, l'aube commence à
luire;

Des lieux prostitués il faut qu'on se retire :
Messaline frémit, et, maudissant son sort,
La premiere au travail, la derniere elle sort;
Elle sort à regret de ce lieu d'infamie,

Lasse, n'en pouvant plus, mais non pas as-
        souvie;
Et de l'affreuse odeur qui vient de la souiller,
De l'imbécile Claude infecte l'oreiller.

    Juv. Sat. VI. v. 115 et suiv.

ACTE PREMIER.

Le lieu de la scene est un salon très-
orné de glaces, enrichi de sculptu-
res dorées, et meublé en ottomanes
et en bergeres de Pékin-jonquille,
brodé en blanc, rose, vert et lilas.
Il regne assez de désordre dans les
meubles de ce salon, jusqu'à la
fin de la seconde scene du premier
acte, où Justine range tout; mais
dans le second acte, on redérange
tout de nouveau, et d'une maniere
beaucoup plus marquée.

SCENE PREMIERE.

DISCRETO, JUSTINE, (préparant ensemble le
    déjeûner).

DISC. Justine, eh! pourquoi donc la Mar-
        quise

quise ne prend-t-elle pas son chocolat dans le boudoir comme de coutume ?

Just. Peut-être madame est-elle occupée, en affaire ; peut-être le Colonel Suisse, qui vient d'entrer, a-t-il à parler à ma maîtresse de choses importantes que nous ne devons pas entendre : ou même, comme tu dis fort bien, n'est-ce qu'une fantaisie ; car véritablement, Discreto, maîtres et Maîtresses ont-ils jamais plus que des fantaisies pour les déterminer à faire cela, plutôt que cela ? la raison les gouverne-t-ils jamais ? au reste, tu ne dois pas t'en plaindre, ce me semble : tu ne t'en trouves pas si mal.

Disc. Cela peut être ; mais Monsieur le Président m'ennuie à la mort.

Just. Eh ! qu'elle condition peux-tu rencontrer qui soit préférable à la tienne ?

Disc. Cela est vrai.

Just. Tu as de l'argent tant que tu veux.

Disc. Jusqu'à présent tous les revenus de mon maître m'ont passés par les mains ; et il ne tenoit qu'à moi de le ruiner : mais il n'a besoin de personne pour cela.

Just. Souvent tu fais la plus grande chere du monde.

Disc. J'en suis las.

Just. Tu ne vois que des gens heureux.

Disc. Cèla devroit être.

Just. Il est vrai qu'il te faut une discrétion à l'épreuve, qui te pese peut-être beaucoup ; car ton maître étant de robe. . . . . .

Disc. Eh ! pourquoi mettroit-il plus de mystere qu'un autre ?

Just. A quoi sert à Monsieur le Président d'avoir une petite maison, si ce n'est pour cacher ses bonnes fortunes ?

Disc. Lui ! il ne les cache à personne.

Just. Mais il me semble pourtant avoir ouï dire que les petites maisons des gens, comme il faut, n'avoient été inventées que pour y venir à la dérobée, et y attendre les femmes que l'on ne peut voir chez elles, sans conséquence.

Disc. Cela étoit bon du tems du Roi Guillemot : aujourd'hui une petite maison n'est qu'une indiscrétion de plus. On sçait à qui elle appartient ; ce qui s'y passe, et celles qui y viennent, comme dans un autre maison, excepté qu'il n'y a pas écrit en lettres d'or sur un marbre, à la porte : HÔTEL DE GUIBRAVILLE. D'ailleurs, c'est toute la même chose. Encore la mode en viendra-t-elle peut-être.

JUST. Je t'avourai, Discreto, que si j'étois un jeune Seigneur, ou fils d'un riche Financier, ce qui revient au même, je m'accomoderois fort bien d'une petite maison. Quelle liberté il y regne! on y soupe en tête-à-tête sans scandale.

DISC. En effet : point de ressource plus sûre pour former un engagement avec décence. Une femme qui se recpecte; qui a le cœur tendre, l'esprit libertin, y goute des plaisirs que n'interrompt jamais l'œil malin du public.

JUST. Aisément j'imagine que rien n'est si charmant que ces petits réduits, aziles des amours et des plaisirs clandestins.

DISC. On ne trouve jamais là de parens au degré prohibé : ainsi jamais de trouble. La sagesse est consignée à la porte, et le secret qui fait sentinelle, ne laisse entrer que le plaisir et l'aimable libertinage.

JUST. Et cependant le train de vie qu'on mene ici, vie délicieuse, ne s'accordant pas avec tes principes sévères, tu vas te ranger ?

DISC. Je ne pense point à cela. Je laisse cha-

cun vivre comme il l'entend. Je ne suis pas plus
rigoriste qu'un autre : peut-être même le suis-je
moins. Ce n'est pas son désordre qui me dégoute
de mon président.

JUST. Quoi donc ? son ton roide et fat ? En
effet j'ai remarqué que, lorsqu'il parle à son
monde, on diroit qu'il siege sur les fleurs de lis,
et qu'il croit représenter un monarque, dictant
ses volontés pour lois à la nation. Oui ; il fait
fort l'important.

DISC. Tu aurais pu dire l'impertinent ; et si
c'est le meilleur des airs, il faut convenir que
mon maître l'attrape mieux que personne.

JUST. Mais crois-tu, Discreto, que ma maî-
traisse vaille mieux que ton maître ? Tout cela
se ressemble : qui a fait l'un, a fait l'autre ; et
pourtant ils se croient sans défauts, eux et
tous leurs semblables. Au ton dur qu'ils prennent avec nous, ne diroit-on pas qu'ils sont
pétris d'un autre limon ? (Sitôt que Justine et
Discreto voyent entrer la marquise et le baron
Illacaré, ils se taisent et se retirent. On observe que pour donner de la gaité un peu bouffone
à cette scene, Discreto pourra, dans sa maniere
de prononcer, imiter le baragouinage italien,

dont l'accent contrastera beaucoup avec celui de Justine.

SCENE SECONDE.

La marquise DE PALMARÈZE, le baron ILLACARÉ,

(Colonel suisse, né à Pàris. Il a les formes suisses, et les manieres françoises. Ils sont assis sur une ottomane, et devant une table à l'angloise, sur laquelle il y a tout ce qu'il faut pour déjeûner. Le chocolat est à quatre vanilles. La marquise y a fait encore ajouter de l'ambre : elle a eu ses raisons pour cela).

Le bar. ILLAC. Si vous m'aimiez, cruelle, vous n'auriez pas le froid caprice de me faire des épigrammes, et d'y perdre un quart-d'heure qui pourroit être sans prix, pour deux amans inspirés, comme je le suis.

LA MARQ. Eh ! qui vous dit, homme bisarre, que je vous assigne un rendez-vous, afin de vous faire entendre des épigrammes, et que je ne sois pas aussi inspirée à ma façon ? Mais vous imaginez - vous que je me piquerai de vous suivre dans les sublimes régions où vous volez après l'amour et le bonheur, qui ne s'y trouvent point ?

ILLAC. (avec sentiment). L'un est dans

mon cœur ; je ne cherchois l'autre qu'auprès de vous, à qui je supposois une sensibilité. . . . .

La Marq. (l'interrompant). Que j'ai , Monsieur, mais qui n'est pas celle qui peut vous rendre heureux. Elle est douce ; elle craint les secousses violentes : elle se contente d'un bonheur bien rond, bien égal ; tandis qu'il vous faut des crises extraordinaires , fatiguantes. Vous caressez les vastes chimères d'une passion. . . . .

Illac. (l'interrompant). Ridicule, voulez-vous dire ? Nouvel affront à l'amour.

La Marq. Nouvel affront au bon sens. De quoi s'agit-il, enfin ? de me plaire, n'est-ce pas ?

Illac. Ou de mourir de chagrin.

La Marq. Eh bien ! enthousiaste que vous êtes, renoncez aux visions ; soyez confiant, sans jalousie, et tout le reste ira pour le mieux. Laissez entrer chez moi quiconque m'y fera plaisir ; songez beaucoup à vos propres intérêts, et ne vous occupez nullement de ceux des autres. . . . . En un mot, prenez-moi telle que je suis. Jugez de mes sentimens pour vous, d'après la manière dont je vous traite, et non d'après mes occupations du matin, dont je

n'aurai certainement pas la complaisance de
rendre compte à qui que ce soit.

ILLAC. (avec dépit.) Nous sommes de grands
sots, nous autres hommes, quand nous avons
la rage d'être amoureux ! Vous venez, madame,
de me déclarer net, tout ce qui devroit me con-
vaincre que je ne suis point aimé tout de bon,
et que je ne serai jamais, près de vous, qu'un
accessoire, un esclave ; que dis-je ? peut-être
n'aurai-je pas le bonheur d'être long-tems souffert sur ce pied.... (Ici une pose.) Cependant
je veux m'aveugler ; je veux trouver à vos aveux
mortifians, un sens, qu'à la rigueur, on puisse
tourner à mon avantage ; je veux.....

LA MARQ. Je veux, moi, que vous cessiez
d'extravaguer. (Elle regarde à une de ses
montres.) Il est midi passé. Je me propose
de respirer un moment l'air du boulevard avant
dîner. Je vais aux Italiens ce soir ; je soupe
ensuite chez le nouveau ministre. Vous voyez
que c'est bien mal prendre votre tems pour me
chanter pouilles. Ce n'étoit pas pour cela,
d'honneur ! que je vous avois ménagé quelques
instans d'un jour destiné.....

ILLAC. (en colere.) C'est ce moine infernal,

cet homme à la jaquette, qu'on ne devroit
pas même trouver dans l'antichambre d'une
femme telle que vous, qui me......

LA MARQ. Mon homme à la jaquette,
puisque jaquette y a, malgré le noble dé-
dain que vous avez pour lui, n'est pas, je
vous jure, à beaucoup près, d'aussi mauvaise
société que vous. Il est insinuant ; il n'exige
que ce que l'on veut.

ILLAC. (outré). Eh ! c'est précisément avec
cette damnable, et non moins basse facilité,
qu'on vient à bout de tout avec votre sexe im-
périeux. Il se laisse volontiers dominer, en
effet, pourvu qu'il ait les honneurs apparens
de la domination.

LA MARQ. Eh ! ne vous figurez point que
le prieur soit sans nerfs....

ILLAC. (l'interrompant avec humeur). Pour
Dieu ! madame, délivrez-moi du tourment d'entendre votre belle bouche louer un semblable
atôme.

LA MARQ. Je n'abandonne point mes amis
opprimés. Cet atôme est, selon moi, un joli
petit corps.... Mais comme il triompheroit,

s'il pouvoit nous écouter , s'il savoit que vous lui faites l'honneur d'en être jaloux !

ILLAC. D'un croquant ?....

LA MARQ. Ecoutez , colonel. Je vois que la pauvre tête est malade ; il faut la guérir. Pouvez-vous croire que le prieur soit d'étoffe à ce qu'une femme , comme moi , puisse faire de lui quelque chose de principal ? Un choix de cette espèce ne seroit-il pas ridicule , flétrissant ? Cela a-t-il une réputation ?

ILLAC. Oui ; une mauvaise.

LA MARQ. (poursuivant toujours). Un rang ? une fortune ? des dignités ? ou du moins.... ces grandes ressources secrettes , qui font qu'on sacrifie quelquefois aux délices du tête-à-tête ? Non , colonel ; on n'a point en titre un prieur de génovéfins ; mais on a réellement , et l'on retient , le plus long-tems que l'on peut , un duc d'Aldernose , parce qu'il est la perle des hommes à bonnes fortunes ; on a , ou l'on fait semblant d'avoir Blancheville , parce qu'il a des talens enchanteurs ; on a des complaisances pour Taumonsier , pour Ternac , parce que le renom de gouverner ces importans , entraîne celui d'avoir une certaine influence dans l'administration des graces de la cour. (Le chocolat est pris, et commence à produire son effet).

Illac. (avec sérénité). Vous me persuadez. Oui ; je déteste maintenant mon absurde jalousie : souffrez, marquise, que j'en fasse amende honorable à vos pieds ! (Ici, il éloigne la table à l'angloise, qui pourroit gêner ses intentions. Il se jette aux genoux da la màrquise, et lui baise les mains).

La Marq. (gaîment.) Ah ! si c'est là que vous croyez devoir la faire.....

Illac. (se relevant). Divine ! que de graces en montrant tant de bontés ! (Il commence à prendre quelques licences).

La Marq. (toujours gaîment). Monsieur le fripon ! il faut, comme vous voyez, que j'aye une bonne dose d'indulgence, et que vous sachiez bien toute la valeur du moment où l'on se raccomode.....

Illac. (allant toujours son chemin, déja maître de la gorge, et cherchant d'autres appas). Ah ! devions-nous être un seul instant brouillés ! (Touchant et mettant à découvert certains attraits). Ciel ! que de beautés ! (Il y applique, à la hâte, quelques baisers ; en même -- tems, il produit de quoi leur faire face).

La Marq. (à la vue d'un objet d'une proportion peu commune). C'est cela que vous me destinez, colonel ? Miséricorde ! non, certainement, jamais un tel bélier ne me frappera, mon cher.....

Illac. Y pensez--vous ? Est--ce donc un nouveau jeu de votre indifférence ?

La Marq. Y pensez--vous vous--même ? Je vous dis qu'il y a là de quoi me mettre en lambeaux : je ne m'y exposerai point, assurément !

Illac. (usant avec ménagement de sa vigueur, assez néanmoins pour rester, à--peu-près, maître du champ de bataille). J'ai pour moi l'expérience : je sais que jamais qui que ce soit.....

La Marq. Je sais que si je vous laissois faire, je serois une femme..... morte.

Illac. Daignez au moins risquer l'essai.

La Marq. (se prêtant un peu). Vous croiriez que c'est caprice, tiédeur.... et nous serions brouillés. Je vais me sacrifier une mi-

nute ; vous verrez que c'est la chose impossible. (En effet , cela commence par ne pas
bien aller). Impossible ! je vous le disois
bien..... Je serai déchirée..... Vous ne serez
point heureux..... Ouf.....

ILLAC. (poussant). Je réponds du succès,
pourvu que vous n'en désespériez pas vous-
même.

LA MARQ. Mais a-t-on jamais produit,
dans un certain monde, quelque chose de ce
volume , et de cette cruelle roïdeur ? En vérité, colonel, il faut que vous m'ayez prise
pour une Drangville , ou pour quelques filles
de l'Opéra.

ILLAC. (poussant). Vous êtes la première
qui me fassiez cette guerre. Jusqu'à présent,
mon heureuse difformité ne m'avoit attiré
que des éloges.

LA MARQ. (se prêtant beaucoup). La
guerre que je vous fais n'empêche cependant
pas..... que.....

ILLAC. (pendant qu'il s'éfforce d'entrer, il
lui chatouille le clitoris). Eh bien ! marquise ,
pensez-vous que je réussisse ?

LA MARQ. (agréablement émue). Voilà....

voilà

voilà , par exemple , ce qu'on appelle du plaisir..... Ah !.... ah !.... que cette gauche nature a mal fait les choses ! au lieu de ces monstres..... (Elle touche en même-tems celui du colonel). Un doigt agile , pénétrant avec adresse et douceur ; un rien ne suffiroit-il pas aux besoins d'une femme délicate ? (A son doigt, le colonel fait succéder , pour le même objet, le monstre prétendu). Charmante variation ! ce prélude seul pourroit me déterminer à tenter encore le reste.

Illac. (entrant). Vous reconnoissez enfin.....

La Marq. (le secondant de tout son possible). Va doucement..... la..... la..... donnemoi ta bouche..... darde-moi ta langue....., Ah ! ce n'est pas un homme ; c'est un dieu !... Prudemment à cette heure : file-moi le plaisir..... Comme il est taillé , ce grivois-là ! quels reins ! quelle élasticité ! moins fort, cher ami.... oui , bon !.... prolonge tes mouvemens..... à ravir !.....

Illac. Ne ferme pas tes beaux yeux ; voismoi expirer de volupté , de la volupté dont tu me remplis.

La Marq. Il est tems..... ne me quittes plus..... double..... redouble..... suis-moi..... tant que tu pourras maintenant..... Ah !..... ah !.... c'est du feu !.... c'est la foudre !.... je suis anéantie, consumée.... tu décharges.... tu m'inondes d'un torrent de fou.... tre.... Je me meurs. (Ils se pâment. Revenus à eux, la marquise dit au colonel de sonner. En effet, ils ont besoin l'un et l'autre de se jetter dans la piscine. Justine arrive).

Justine, pendant que je vais écrire une adresse au colonel, profitez de ce moment pour ranger ce salon assez en désordre. Le concierge d'ici est bien peu soigneux. (Le colonel donne la main à la marquise, et ils vont ensemble à leurs affaires.

S C E N E   I I I.

JUSTINE (seule, rangeant le salon. Tot en mettant les choses à leur place, elle cause tout haut avec elle-même).

En vérité ! quelques obligations que j'aie à ma maîtresse, quelque reconnoissance que je lui doive, il me sera impossible de rester

à son service , si elle conserve encore long-
tems son goût pour les petites maisons. Enfin
voilà pour la quatrieme fois , depuis son ré-
veil , que je la mets au bain. Le gros palatin
le Zorouski a passé la nuit avec elle , de
moitié avec un ambassadeur du nord. Comme
ce plénipotentiaire étoit obligé d'être ce matin
à Versailles , avec le corps diplomatique , il
nous a laissé de bonne heure. L'instant d'a-
près , elle les calcule bien , ma maîtresse ! un
envoyé d'Alger à la Haye , et qui n'est ici
qu'en passant , a pris la place : il étoit juste
de se laver , aussi-tôt la visite de ce singe
impur. Celui-ci mis à la porte , un fermier-
général , l'intendant des menus de madame ,
s'est fait annoncer ; il a bien fallu donner au-
dience à cet homme : c'est notre caissier pour
le petit casuel. Je l'ai donc introduit comme
les autres. Et de quatre déja. A celui-là a
succédé un prieur de Génovéfins. Je ne conçois pas comment madame, qui paroît si frêle,
peut suffire à pareille besogne. Puis, le colonel; car , quoiqu'elle ne m'ait rien dit, à
bon entendeur demi-mot ; et la journée n'est-
elle encore qu'à moitié ! Je viens de voir en-

trer mademoiselle de Lesbosie, jeune personne de qualité, que, depuis quelques jours, elle s'est attachée à titre de demoiselle de compagnie; mais, dieu sait, à quel usage ! Est-il possible que la nature puisse donner à une seule femme le tempérament de trente ? Malgré tout ce qu'on a conté, tout ce que j'ai lu de l'impératrice Messaline, je doute qu'elle en fît autant que notre marquise.

SCENE IV.

JUSTINE, Mlle. DE LESBOSIE.

Mlle DE LESB. Justine, madame vous demande.

JUST. Je me rends à ses ordres.

SCENE V.

Mlle. DE LESBOSIE (seule, souriant d'un air tout-à-fait gracieux).

LA marquise m'a dit de l'attendre ici. Que me veut-elle ? Qu'en me parlant, son regard avoit d'expression ! la malice, la volupté s'y peignoient tour-à-tour. Le long baiser qu'elle m'a donné sur la bouche a brûlé mes levres , et je crois que ce feu a passé dans mes veines. (Une pause.) Que ce lieu m'enchante ! tout est glaces et sophas dans cet appartement : les objets , dans ces trumeaux, s'y répetent mille fois , et semblent toujours nouveaux et plus agréables. (Une pause. Les objets de luxe et de plaisir qu'elle a sous les yeux l'entretiennent du souvenir de Victor ; et, croyant encore être avec lui, elle lui adresse la parole :) Victor ! que tu es bien nommé ! tu seras toujours mon vainqueur. Oui , tu feras toujours toutes les cónquêtes que tu voudras faire. Ah ! borne-toi à la mienne ! (Une pause. Elle s'assied.) Victor ! tu es aussi beau et plus charmant que l'amour à qui tu ressembles ; et moi , dans tes bras, je ne changerois point mon sort pour celui de Vénus, qu'on dit la plus belle et la plus aimée des déesses. Il me suffit, pour mon bonheur, d'être chérie de toi seul , et de recevoir quelquefois tes caresses enivrantes , ces vives et délicieuses caresses , par lesquelles tu m'as donné une seconde existence , mille fois préférable à la premiere ! que tu possedes bien , ô page espiegle ! créature céleste ! que tu connois bien l'art de séduire ! tu remplis toutes les facultés de mon ame ! je ne vis plus que par toi. Présent à ma pensée, que je veille, ou que le sommeil s'empare de mes sens, je songe sans cesse au moment enchanteur où, d'accord ensemble, nous nous sommes fait le sacrifice mutuel de cette fleur d'innocence, qui n'a de prix qu'autant, sans doute, que la cueille l'objet à qui notre cœur la donne. O souvenir charmant, et qui ne sortira jamais de ma mémoire, tu égales presque la réalité des plaisirs amoureux ! mon imagination, l'instinct de la nature, sait suppléer au reste. (Au moment où elle passe machinalement sa main par la fente de son jupon, pour la porter sur un endroit où une puce la mord, entre la marquise).

S C E N E VI.

Mlle. DE LESBOSIE, LA MARQUISE.

(Mlle. de Lesbosie se leve promptement, et fait une révérence respectueuse à la marquise).

LA MARQ. Ma belle amie, que cette révérence soit la derniere pour moi ; que la plus grande égalité regne entre nous. Lesbosie, ma belle Lesbosie, fille d'un loyal gentilhomme, est l'amie de Mde. de Palmareze : l'amitié ne reconnoîtra jamais d'autre titre entre nous. Songe donc désormais, charmante enfant, à te mettre à ton aise avec moi ; supprime et bannis toute contrainte : je n'exige de toi que de l'attachement.

Mlle. DE LESB. Plus madame est indulgente, et moins je dois manquer au profond respect....

LA MARQ. Pour le coup , tu m'impatientes.

Mlle. DE LESB. Je voudrois bien ne pas déplaire à madame la marquise.

LA MARQ. Plus de marquise dans nos entretiens particuliers ; je te le défends. Vîte, qu'on m'embrasse ; allons. (Pendant que Lesbosie obéit, la marquise lui prend la gorge). Quelle fraîcheur ! quelle fermeté !..... tu rougis ?.... Voilà encore de la petite bégueulerie de village : enfant que tu es , ne suis-je pas une femme ?

Mlle. DE LESB. (soupirant). Oui , par bonheur!

La Marq. (souriant). Comment pren-
drai-je ce que tu dis-là? Est-ce une galan-
terie ou une injure?

Mlle. de Lesb. (lui baisant la main). In-
jurier ma chere bienfaitrice! moi! ah! madame, que vous me connoissez mal!

La Marq. C'est donc à dire que si j'avois
l'honneur de porter là..... (On se doute
où la marquise place en même-tems la main
de Lesbosie.) quelque chose de fort différent
de ce que tu touches, il me seroit permis
d'espérer..... (Une main de la marquise
s'égare sous les jupes de son amie). Quelle
chair! quel satin! je donnerois une année de
ma vie pour être une seule nuit un aussi beau
garçon que mon fripon de page.

Mlle. de Lesb. (se laissant faire). Vous
perdriez infiniment au change, belle comme...

La Marq. (allant son train). On dit que
je ne suis pas mal.

Mlle. de Lesb. Desirée.....

La Marq. Oui, de tous les hommes.

Mlle. de Lesbosie. Eh bien! cet état de
triomphe perpétuel ne vous suffit-il pas? une
petite villageoise obtient quelque part à vos

affections , et ses inutiles appas ont de quoi faire naître en vous de bisarres desirs?

La Marq. Voilà la vérité. Mais ces appas ne sont pourtant point aussi inutiles que tu penses ; et si tu n'étois pas une morveuse , on pourroit t'apprendre bien des choses. ....

Mlle. de Lesbosie (rougissant). Hélas ! depuis que j'ai l'honneur de vous appartenir, ne suis-je pas devenue fort savante ?

La Marq. (souriant). Que sais-tu ? l'A B c du plaisir , les gros principes.

Mlle. de Lesb. Epargnez-moi , madame : je n'ose lever les yeux sur vous.

La Marq. Tu me devines. Eh bien ! puisque tu as tant de pénétration , je t'avouerai mon espiéglerie. Oui , ma Lesbosie , c'est moi qui t'ai fait livrer au charmant Victor , ne pouvant la cueillir moi-même , la précieuse fleur de ta virginité. J'ai conduit toute cette petite intrigue : me le pardonnes-tu ?

Mlle. de Lesb. Eh ! puis-je vous en vouloir?

La Marq. Je veux uniquement ton bonheur , ma tendre amie.

Mlle. DE LESBOSIE (lui baisant la main).
Vous ne cessez de m'en donner des preuves.

LA MARQ. Revenons à Victor. Il convenoit à tous égards pour la premiere opération.

Mlle. DE LESB. Opération est bien dit, madame : c'en est une bien cruelle à souffrir pour la premiere fois ; il est vrai que les autres sont suivies d'ineffables délices.

LA MARQ. Je voulois que tu fusses opérée délicatement : je fis donc choix de Victor. Je commençai à l'instruire démonstrativement, sans néanmoins appliquer mes leçons à mon profit. Il étoit aussi neuf que toi, pour le moins : il me parut gai de vous faire faire, à l'un et à l'autre, troc de pucelage. Pour une grande dame, je ne jouois pas là un fort joli rôle ; mais je n'ai à rendre compte de ma conduite à personne : tout ce qui peut ajouter à mes plaisirs, est digne de moi, et s'annoblit à mes yeux. Je fus, invisible pour vous, témoin de toute l'audace du petit bonhomme, et des simagrées enfantines que tu opposas, six minutes, je les comptai, à ses transports, trois fois réitérés dans une heure. Victor, au

comble de la joie, se comporta ponctuelle-
ment, comme je le lui avois ordonné : il ex-
posa à mes yeux, avec beaucoup d'adresse,
tes innocens attraits ; mes yeux les parcou-
rurent avec sensualité.

Mlle. DE LESB. Vraiment, madame, c'est
par vos ordres qu'il me força de me mettre
nue ? vous vous amusiez de ce spectacle ?

La MARQ. Il étoit tout-à-fait ravissant.

Mlle. DE LESB. Au moment décisif de
l'opération, j'éprouvai une douleur, une douleur que je ne saurois exprimer. Je dus vous
paroître bien laide ?

LA MARQ. Charmante, au contraire.
Lorsque tu revins à toi, je crus observer que
tu n'avois pas la moindre colere contre l'o-
pérateur.

Mlle. DE LESB. Quand on a le cœur bon,
n'est-on pas enchanté d'avoir obligé ?

LA MARQ. Délicieuse morale ! (Elle embrasse Lesbosie, et commence à chatouiller
un peu vivement les appas dont elle s'est lé-
gérement amusée pendant leur colloque). Que
vous étiez ravissans, grouppés amoureusement sur l'ottomane ! je croyois voir Psiché

dans les bras de l'amour ; sinon que tu es plus belle que l'épouse du fils de Cithérée. Mes desirs s'allumerent à l'excès. Jalouse de Victor, je fus sur le point de m'écrier : arrête, audacieux Victor ! tu as trop de plaisir ; il faut que je le partage. (La marquise continue le jeu des doigts).

Mlle. DE LESB. (éprouvant une douce et vive émotion). Mais !.... mais, madame....

LA MARQ. (affectée assez vivement). Les charmans yeux ! ah ! friponne, tu vas....

Mlle. DE LESB. (se laissant aller sur l'ottomane). Il est vrai que.... vous me faites.... mourir. (La marquise, qui s'est enflammée pendant ce badinage, s'arrange brusquement, de façon à pouvoir porter sa bouche sur la partie que son doigt vient d'émoustiller). O ciel ! que voulez-vous, madame ? Non, je ne souffrirai pas.....

LA MARQ. (combattant avec avantage cette résistance). Laisse-toi faire, petite bégueule.

Mlle. DE LESB. (cédant). Dieux !..... qu'est-ce que tout ceci ?.... c'est un songe..... je..... je me meurs. (Il se fait un moment de silence,

silence , pendant lequel la marquise observe
avec une espece d'admiration Mlle. de Lesbosie
enivrée de plaisir , et sans mouvement).

LA MARQ. (la réveillant par un baiser).
Si je t'avois laissé babiller davantage , tu
aurois peut--être voulu me démontrer qu'à
moins d'être un Victor, on ne peut te rendre
heureuse.

Mlle DE LESB. Ah ! je le suis parfaitement.
Mais, Madame, comment appelle--t--on ce
badinage enchanteur que vous venez de m'apprendre ?

LA MARQ. Chacun donne à cette pratique
un nom de fantaisie.

Mlle. DE LESB. Pardonnez ; mais il me
semble que la langue.....

LA MARQ. La bouche , ma belle amie ,
ce charme par excellence , le siége et l'instru-
ment du baiser , insinue la volupté dans tous
les lieux , sans restriction aucune , où elle
porte ses caresses. Paix ! n'entends--tu pas
quelque bruit dans ce petit cabinet ? Va voir.
(Mlle. de Lesbosie s'assure qu'il n'y a personne , et revient auprès de la marquise).
Dis--moi , petite , serois--tu fille à rendre aux

gens la valeur, en même monnoie, de ce que tu as reçu ?

Mlle. DE LESB. (avec embarras). Je ne vous entends pas, madame. Je vous ai de si grandes obligations depuis que j'ai le bonheur de vous connoître.....

LA MARQ. (la fixant). Depuis un moment, à la bonne heure ; et c'est de quoi je voudrois exiger un peu de reconnoissance. (Ses regards s'animent ; elle attire Mlle. de Lesbosie sur son sein, et lui donne un baiser passionné ; puis avec un mouvement indicatif, elle ajoute :) Si tu ne répugnois pas.... Me fais--je entendre, enfin ?

Mlle. DE LESB. (embarrassée). Je crois y être ; mais.....

LA MARQ. (un peu sérieuse). Tu refuses ?..... Je ne suis pas assez fraîche, assez attrayante.....

Mlle. DE LESB. (avec feu). Que je suis éloignée de le penser ! rien dans le monde est--il aussi desirable que vous ? mais..... la timidité..... l'inexpérience..... on fait toujours si mal ce qu'on ne fit jamais !

LA MARQ. Viens, mon cœur ; essaie.

Mlle. DE LESB. (avec empressement). Ah! de toute mon ame!

LA MARQ. Bien..... très--bien..... cherche du bout de ta langue un petit point en haut.... un peu plus..... t'y voilà..... tu fais à merveille..... dou..... dou..... cement..... là..... là..... comme un petit ange! Dieux!.... quelles délices!..... Respire un peu..... maintenant..... l'adroite créature!..... ah!.... ah!..... tu me quittes au plus doux moment.

Mlle. DE LESB. (riant aux éclats). Ah! ah! ah! ah! ah!

LA MARQ. Quas--tu donc à rire?

Mlle. DE LESB. Ce sont vos poils, madame, qui me chatouillent le nez. Et puis, dans ce moment, il me vient la plus drôle d'idée. (Elle reprend sa besogne).

LA MARQ. (s'y prêtant). Eh! songe à ce qui doit t'occuper.

Mlle. DE LESB. Avouez, madame, que lorsque je vous fais cela, je dois avoir l'air d'un grenadier avec ses noires moustaches? car, en vérité! quand j'ai la bouche collée là--dessus, ces crocs épais et frisés, sont autant à moi qu'à vous.

La Marq. L'extravagante ! elle me feroit rire aussi , si je n'avois à faire mieux. Encore un peu de complaisance, bijou ?

Mlle. de Lesb. Je m'y remets bien vîte ; et quoi qu'il arrive , je ne ris plus.

La Marq. (après un moment de silence). Ah !..... ah !..... ma chere Lesbosie , mon ange..... tu es..... la déesse du bonheur..... anéantissement délectable !..... dont la douceur..... et les charmes ne peuvent être..... sentis..... et peints .... qu'imparfaitement !.... tendre amie.... je t'aime.... je t'adore.... je.... ne chéris que toi !.... mon ame..... mon cœur.... tout mon être.... n'est animé.... que par...... ma Lesbosie. (En achevant ces mots, elle passe un anneau d'un gros brillant à un des doigts de la main que Mlle. de Lesbosie a sur sa gorge. Oh ! pour le coup, j'entends du bruit dans la premiere piece.

Mlle. de Lesb. (ayant entr'ouvert une porte.) C'est Justine.

La Marq. J'attends le comte Catso di Coulo. Tu me laisseras, sans affectation pourtant, quand on l'introduira dans cette piece. Il m'a passé par la tête une folie, dont je veux éprouver les effets. Tu connoîtras un jour, par toi-même, qu'il n'y a point de goût extravagant. Je ne sais si je me fais entendre de ma Lesbosie?

Mlle. DE LESB. Votre Lesbosie oseroit-elle se permettre des conjectures sur ce petit mystere? N'a-t-il pas de quoi me donner un peu de jalousie?

LA MARQ. Quelle idée! le comte ne m'a point, et ne m'aura jamais. Ce personnage n'est à redouter, ni pour un amant, ni pour une tendre amie.

Mlle. DE LESB. L'amitié a sa jalousie comme l'amour; et, madame, je crains.....

LA MARQ. Sais-tu bien, jolie petite folle, que tu mériterois, pour me montrer une pareille crainte, que je te remisse les moustaches.

Mlle. DE LESB. (s'y disposant.) Ah! je ne demande pas mieux.

LA MARQ. (résistant.) Chut! pour le coup, ce n'est pas une fausse alarme; quelqu'un survient..... bien à propos pour que je conserve ma fraîcheur. Baise moi. (Le comte paroît.) C'est le comte. Sors, ma belle, et

que personne n'entre sous aucun prétexte.
(Mlle. de Lesbosie sort par la même porte par
laquelle entre le comte. Ils se font une révérence silencieuse en passant l'un devant
l'autre).

SCENE VII.

LA MARQUISE, LE COMTE CATSO DI
COULO, Florentin.

(Tous deux assis sur l'ottomane.)

LE COMTE. Enfin, il est donc vrai, bella
marquesè, què voï consentez à me rendre il
piou felitchè des hommes? Voï consentez di
mostrar à mes regards avides ce bel coulo,
l'objet de tous mes desirs? Quoel gierno! il
est marqué pour mon triomphe. Ah! Catso
mio, què fortouna per ti!

LA MARQ. (Il est bon d'avertir que la
marquise comprend un peu l'italien). Comte,
vous pouvez être bien sûr que je suis ici tout
exprès pour vous ; mais je me flatte que vous
n'abuserez pas.....

LE COMTE. L'accomplissement del nostro
to pacte, et nientè di piou.

La Marq. Comment ! point de grace ? il faut absolument que je me soumette ?

Le Comte. C'est notre traité, et nostra conventsionè, madama.

La Marq. Mon cher comte, je ne pourrai jamais me résoudre à vous faire arriver au temple de l'amour par un chemin où personne n'a passé.

Le Comte. Ecco, Signora, quoel què met le comble à mon bonheur. Son' occupato io solamentè a tchercar gli sentiers où l'on ne rencontre personne ; et comptez-vous pour rien, madama, qu'io li menage per là sua virtou l'expédient di star fedelè al signor Comtè, di quouï vous aimez l'honneur, comme vous le dites, piou què votre vie ?

La Marq. Ainsi donc, je serai la bougresse par vertu !

Le Comte. Per temperemmento, per caprichio, per gousto, ou per couriosita ; qu'importe ?

La Marq. (riant). La bougresse par vertu ! Le joli titre pour un drame ! Ma foi ! je veux qu'un dramaturge que je protége, me broche une pièce sur la bougresse par vertu. Cela sera drôle.

Le Comte. Presto , mia marquesé : an-
diamo al denouement. Ne vous amusez piou
a infiammarmi. On n'a pas impunément ac-
cès..... Si torna oun poco; si metti cosi.

La Marq. Etrange et humiliant caprice!

Le Comte. Préjugé vulgaire , marquesé.
Tous les goûts y sont dans la natoure : le
meilleur est celoui qu'on a.

La Marq. (au moment où le comte la
saisit et la porte sur l'ottomane , pour sa plus
grande commodité.) Oui , bon , si le même
goût..... Laissez--moi..... je ne veux rien voir.
Du moins..... gardez-vous d'abuser d'un moment de distraction. (En avançant derriere
elle une main , comme pour écarter le comte ,
elle rencontre le plus fort argument que l'on
puisse employer en pareille occasion.) Eh!
bien , voilà de l'insolence , par exemple.

Le Comte , (que le desir entraîne , met à
découvert les fesses de la marquise , et lui
releve sa chemise par-dessus les reins.) Dus-
siez-vous m'accabler della vostra indignat-
sionè , non posso piou resisterè.

La Marq. Il paroît , qu'au besoin , vous
savez vous passer de permission.

Le Comte (baisant amoureusement les fesses de la marquise.) Si , attesto gli chieli e la terra què les charmes divins chio batchio. . . . .

La Marq. (gaîment et sans se déplacer.) Vous attachez donc un bien grand prix à cette faveur ?

Le Comte (avec transport.) Chè lo prova soubito !

La Marq. Réglons auparavant les conditions.

Le Comte. Commandi , madama : je souscrits a toutto. . . . . io djouro. . . . .

La Marq. (sans se déranger.) Sur l'autel même ? Le serment doit être sacré. . . . . La plaisante cérémonie !

Le Comte. Hâtez mon bonheur. . . . . Son' io consoumato. . . . . Dictez vos loix.

La Marq. (faisant beau cu.) Que vous garderez éternellement le secret sur le poste que je vais vous livrer.

Le Comte. Io lo djouro.

La Marq. Vous m'aimerez toujours ? jurez.

Le Comte. Non è bisogno d'oun serment

per qouesto. La vostra belta vous répond della mia constantza.

La Marq. Mais je crains la disproportion du contenu. Le contenant est si petit !

Le Comte. Vedeté, Angelo di volupta : ne semble-t-il pas què la natoure ait eu per qouesto medesimo des vues particolarè sur moi ? Qouesta forma allongée et pointue.....

La Marq. (après l'avoir regardé et tâté.) En effet, c'est un stylet propre à assassiner.

Le Comte. Eh ! bien, s'il vous effraie, lo mi lachia presto metteré dans sa gaîne. Pensa leï què mi a promesso.

La Marq. (s'arrangeant et faisant beau jeu au comte.) Je vous l'ai dit, et je vous le répete, je ne manque jamais à ma promesse.

Le Comte (met enfin sa clef dans la petite serrure.) No ; io ne troquerois pas di destino avec le plus heureux de vos adorateurs. (Il pénetre avec ménagement, et arrivé à certaine distance ; il ajoute :) Dica : pos'io andar fin al fondo ?

La Marq. J'ignore ce que c'est que des demie - complaisances..... (Une pause.) Va

doucement d'abord..... la..... la..... Donne-
moi ta bouche.

Le Comte. O què piacheré ! (il pénetre
plus avant).

La Marq. Puisqu'il le faut absoloment,
armons-nous de courage. Allons. (Elle s'enflamme, tortille du cu, baise et mord voluptueusement le comte, qui n'est point en
reste).

Le Comte. Delitsiosa fortouna !

La Marq. (l'aidant avec délire.) Va.....
va..... mon bon ami..... tu me fais pourtant
un mal..... ravissant ; mais je brave tout.
(Elle commence à se donner des mouvemens
très-vifs.) Serre-moi bien les reins. Je te
sens..... tu me fais..... partager..... Mourons,
mon doux ami !..... non, mon cher ;.....
je te supplie..... grace..... ne déch..... ar.....
ge..... pas.... dedans.

Le Comte. O bonheur ! ô ravissement !
coulo divino ! ritratta amorosa ! sodjiorno de
gli deï. (Il se retire promptement, sort son
mouchoir, et y confie l'espérance de la bran-
che aînée des comtes Catso di Coulo.

La Marq. Ou plutôt des canulles.

Avouez , comte , qu'il faut que je sois bien folle ?

LE COMTE. Què dica piou tosto , madama, justa , compatissentè.

LA MARQ. (toujours la tête baissée et le cu élevé.) Comme vous voudrez ; mais laissez-moi. Je viens de me couvrir de honte. Je ne veux point avoir à rougir à vos yeux. Quittons-nous , et donnez-moi le tems , avant de nous revoir , d'oublier que j'ai pu.....

LE COMTE. Què almeno , avanti de m'éloigner , io imprima oun batchio bien reconnoissant sur l'oune et l'aoutre de mes bienfaitrices. (Il baise amoureusement les deux fesses de la marquise).

LA MARQ. (avec un mouvement malin.) N'oubliez pas en passant l'adorable bienfaiteur lui-même.

LE COMTE (après avoir assez follement obéi , profite de la position pour faire à la marquise ce qu'elle avoit éprouvé si voluptueusement avec Mlle. de Lesbosie. Le badinage se soutient jusqu'à ce qu'il ait son plus entier effet : la marquise est presque sans connoissance ; le comte ravi , s'écrie avec exaltation :)

exaltation :) Addio , Veneré Callipidgè ! ce jour est l'oun des plus beaux della mia vita.

La Marq. Adieu donc , petit Florentin. (Le comte baise encore les objets de son culte , et puis il s'éloigne , toujours les yeux attachés sur les charmes inappréciables de la marquise qui baisse enfin ses jupes , et ajoute , relevée de la position qu'elle a prise pour la plus grande jouissance du comte :) Ma foi ! les hommes sont aussi extravagans que nous ! quel joli chien de plaisir m'a donné là le comte ! et qu'il m'a fait tenir une plaisante posture ! Je n'ai pourtant pas autant souffert que je le craignois : il n'est, pour bien juger des choses , que de les éprouver.

S C E N E VIII.

La Marquise , Mlle. de Lesbosie.

Mlle. de Lesb. Eh ! bien , Madame ! déja seule ? Vous n'avez pas gardé long-- temps M. le comte Catso di Coulo ?

La Marq. Bon ! me crois--tu capable de perdre toute une matinée à écouter des sor- nettes , des fadaises ? Le comte est un enfileur de la premiere force. Quand j'ai vu qu'il commençoit à se déboutonner, et qu'il s'agissoit d'essuyer des longueurs à n'en plus finir, je lui ai tourné le derriere. Il a entendu ce que cela vouloit dire, et il a pris son parti.

Mlle. DE LESB. Il donne pourtant ombrage à plusieurs de vos courtisans.

LA MARQ. Ils ont bien tort, en vérité! ses vues sont absolument opposées à celles de mes plus chers amis.

Mlle DE LESB. J'aime à la folie votre maniere de définir les choses.....

LA MARQ. Je n'ai pas mal aussi, quand je veux, le talent de les déguiser. Mais, Lesbosie, qu'entends-tu par ces mots : ma maniere de définir les choses?

Mlle. DE LESB. Vous le dirai-je, madame? Témoins de la scene qui s'est passée à l'instant, j'ai tout lieu de craindre que le comte Catso di Coulo n'ait banni de votre cœur cette Lesbosie que, n'agueres, vous accabliez des plus vives caresses.

LA MARQ. Le penserois-tu réellement? imaginerois-tu qu'un traître qui, lâchement attaque son monde par derriere, puisse être l'homme de mon cœur? celui à qui je sacrifierois ma chere Lesbosie? ah! tu te ferois un grand tort de le croire. Non, jamais le comte Catso di Coulo ne prendra un véritable empire sur mon ame. Ne m'impute point à crime, ma Lesbosie, un moment d'erreur. Ces Messieurs sont si extraordinaires! Celui-ci est Florentin : il a bien fallu, par devoir de politesse, le servir à son goût; goût général dans son pays.

Mlle. DE LESB. Ah! je renais! mon inquiétude, ma crainte se dissipent. Cependant, Madame, quand il vous a quitté, vous paroissiez tous deux enchantés l'un de l'autre, et tous deux dans la plus douce ivresse.

LA MARQ. Va, je te le répete; il ne sauroit te donner de l'ombrage. Les termes enchanteurs que tu peux m'avoir entendu lui prodiguer, ne partoient point de mon ame. Dans le moment de son délire, mes sens mêmes n'étoient point émus. Je feignois, pour lui persuader que je partageois son extase : il n'en étoit rien. Je suis restée si froide, que j'ai conçu pour lui et ses plaisirs, le plus extrême dégoût; et je le jure sur cette

jolie bouche si fraîche qui m'a enivrée de volupté. (La marquise qui se jette avec emportement sur Mlle. de Lesbosie , la baise
longuement sur la bouche , lui darde cinq ou
six fois sa langue entre les levres ; elle s'enflamme , n'y tient plus , renverse de nouveau
Mlle. de Lesbosie sur l'ottomane , jette ses
juppes par dessus sa tête. Elle se trouve nue
jusqu'au dessus du nombril ; et la marquise ,
après l'avoir couverte de baiser sur toutes les
parties de son corps ; car elle la tourne et
retourne , finit par la gamaücher , en se pâ-
mant d'aise à son tour.) Te voilà punie de tes
injustes reproches.

Mlle. DE LESB. Ah ! si vous me punissez
ainsi , je me rendrai souvent coupable !

LA MARQ. Mais , quelle heure est-il ?
l'estomac me tire. Sais-tu , ma belle Lesbosie , ce que Justine , aujourd'hui mon cuisinier , mon maître-d'hôtel , ma femme-de-
chambre , mon factotum , nous donne , non
pas pour diner , mais pour nous empêcher de
mourir de faim ?

Mlle. DE LESB. Vous avez , Madame, un
excellent consommé ; des raves , des arti-

chauds à la poivrade , du ton mariné ; des anchois , une poularde froide , une truite , aussi froide ; des truffes à l'huile , des petits pots à la vanille , une jatte de fraises , pour dessert ; du vin de Côte-rotie à l'ordinaire , et un flacon de Tokai (1) pour vin de liqueur.

LA MARQ. Je sais vraiment gré à mon intendant. Je ne m'attendois pas , ma chere Lesbosie , que nous serions si bien traitées. Il me semble que , dans la description de ton menu , trois femmes doivent trouver de quoi appaiser leur appétit. (Justine vient avertir que la marquise est servie , et rentre dans la salle à manger.) On a raison de dire que le besoin est un bon cuisinier. J'éprouve dans ce moment qu'il est aussi nécessaire d'aller du lit à la table , comme il est doux d'aller de la table au lit. Viens , ma belle ; donne-moi le bras , et sers-moi d'écuyer. Nous reprendrons des forces , pour les reperdre encore. A propos ; c'est aujourd'hui ma loge à l'Opéra. Tu

______

(1) Le mari de la marquise a été ambassadeur à Vienne.

peux en disposer : ma premiere femme t'y accompagnera, et si tu veux, tu y donneras une place à.....

Mlle. DE LESB. Victor ? Madame.

LA MARQ. Eh ! à qui donc ? Oui, ma belle, au joli Victor.

ACTE SECOND.

Ici, nulle pudeur, et nulle retenue ;
Sans honte, à vos regards, Cybelle paroît nue;
Modulant, à son gré, sa lascive chanson,
Chaque convive, ici, nomme tout par son nom.
JUVÉN. Sat. II. vers 110.

SCENE PREMIERE.

L'ABBÉ DE GUERINDAL, LA MARQUISE, (Passant d'un boudoir dans le salon. Elle rétablit le désordre de sa parure, que vraisemblablement l'abbé s'est permis de chiffonner ; ce qu'on peut conjecturer, d'après les reproches qu'elle lui fait, et l'air courroucé qu'elle a. Il est vrai de dire qu'elle peut avoir quelque sujet d'être fâchée. Au troisieme sacrifice, le couteau n'a pu pénétrer la victime ; la lame a plié).

L'Ab. Mais je vous assure.....

La Marq. Taisez-vous.

L'Ab. La raison ?

La Marq. Que je ne veux point vous entendre.

L'Ab. Aux termes où nous en sommes ?.....

La Marq. Que veut dire aux termes où nous en sommes, M. l'abbé ? que ce mot ne vous échappe pas davantage, et ne nous remontrons plus ensemble dans le monde, où vous auriez lieu de vous en repentir à jamais.

L'Ab. Vous me regretterez.

La Marq. Vous, insolent ! me tenir un semblable propos ! Hypocrite abbé ! Il se croit, sans doute, du mérite.

L'Ab. Vous me l'avez si souvent assuré, que j'en avois, et assuré dans des momens où le sentiment ne permet pas le mensonge, que si j'étois susceptible d'orgueil....

La Marq. Il n'y a qu'un calotin, un effronté petit Lévite de votre espece, indigne abbé, capable d'une audace pareille. Espece mal caractérisée,.....

L'AB. Passe pour être injuste, mais mal-honnète !

LA MARQ. Vous êtes un brutal : vous me manquez.

L'AB. Mais vous joignez là des disparates impardonnables à une femme qui sait la valeur des mots aussi bien que des choses. Si j'étois un brutal, je ne vous manquerois pas.

LA MARQ. Je crois que vous voulez me faire la leçon ? Vous ne me prenez pas, je pense, pour une écoliere ? pour un enfant ?

L'AB. J'aurois assurément grand tort. Il y a long-temps que je me suis apperçu que Mde. la marquise n'étoit rien moins que cela.

LA MARQ. Je crois que vous vous donnez les airs de me lâcher des épigrammes ? Abbé, monstre d'abbé ! foible et débile créature.....

L'AB. D'où provient, très-digne marquise, ce violent courroux ?

LA MARQ. Il vous sied bien de me faire cette demande ? De votre insolence. Apprenez que lorsque je vous paye pour venir ici, c'est pour mes plaisirs, et non pour que vous mé-

nagiez votre santé La santé (d'un ton iro-
nique) de monsieur l'abbé ! Vivez dans un
jour tous les jours de votre vie : je vous pardonnerai les excès dans ce genre ; mais non
les ménagemens.

L'Ab. Je croyois pourtant, Madame,
avoir, pour une reprise, assez bien fait les
choses.

La Marq. (d'un ton froid et amer.)
Pour vous, cela peut être.

L'Ab. D'après ce reproche, adieu, marquise ; je m'éclipse.

La Marq. A votre aise, mon très-petit
abbé. Qu'y perdrai--je ? Quand le soleil est
caché dans un nuage, que fait son éclipse à
la terre ?

L'Ab. Eclipse est joli. Permettez--moi de
croire que Madame voit mal les choses aujourd'hui.

La Marq. C'est que Monsieur les présente fort mal.

L'Ab. Et prend tout de travers.

La Marq. Je n'ai pas ce travers là.

L'Ab. Que les femmes sont sinceres !

LA MARQ. Taisez-vous , croquant , ou je vous dévisage.

L'AB. L'humeur vous gagne ; je me retire.

LA MARQ. (avec dépit) La nature , là-dessus , a prévenu votre volonté.

L'AB. (ricannant.) Quoi ! vous continuez à jouer sur le mot ?

LA MARQ. (avec une fierté tout-à-fait digne.) Vous plaisantez , je pense ?

L'AB. Je vois trop , Madame , qu'à force de vous aimer , j'ai eu le malheur de vous déplaire : vous ne me trouvez plus supportable ; je vous laisse.

LA MARQ. Et vous faites sagement. Aussi bien j'entends entrer un équipage. Descendez par l'escalier dérobé , et ne perdez point de vue , lorsque je vous manderai ici , que c'est une femme de qualité qui s'abaisse jusqu'à vous , pour vous élever à elle. Vous m'entendez , l'abbé ; songez-y.

L'AB. Madame , vous ne pouvez douter de mon zele : je ferai toujours des efforts , si-tôt qu'il s'agira de vous le prouver. Mais je suis bien aise de vous dire que la princesse de Climare , que vous connoissez , dont tous les hommes du royaume, peut-être, connoissent le tempéramment, se contente à moins que vous.

La Marq. Son exemple, Monsieur du Sacerdoce, n'est point, et ne sera jamais une regle pour moi. Mais on monte; partez, partez promptement, et retenez bien, homme sans tenue, qu'un amphibie, comme vous, quand il obtient les faveurs d'une femme, comme moi, je veux bien vous le répéter, doit bander roide, foutre, sans se ménager aucunement, refoutre, foutre encore, recommencer, et se trouver toujours en état, tant que je lui dise asssez.

L'Ab. Apprenez aussi de moi qu'une jolie femme trop exigeante est foutue, refoutue, foutue encore, et qu'ensuite elle peut être ratée, quittée, non regrettée; que personne ne souffre qu'on l'humilie; que l'humiliation ne se pardonne pas, et attire la vengeance: c'est l'éclair qui précede la foudre.

La Marq. (un peu radoucie.) L'abbé, vous le prenez sur un ton.....

L'Ab. Que je dois prendre, Madame. (A demi-voix, et s'en allant.) Voilà bien les femmes ! plus on se montre complaisant, plus elles exigent. C'est en vain qu'on leur fait voir des merveilles, et qu'on opere des miracles.

La Marq. (seule.) Qui peut donc en ce moment me venir trouver ici ? personne, hors le président de Guibraville, ne sait que j'y suis, et je n'attends plus ame qui vive.

S C E N E   II.

La Marquise, (se composant un air tranquille.) Le Chevalier. (Il arrive précipitamment, comme quelqu'un qui entre dans un appartement, où il croit ne trouver personne).

Le Chev. (surpris en appercevant la marquise.) Eh, quoi ! vous ici, marquise ?

La Marq. Cette surprise m'annonce que vous ne m'y cherchiez pas.

Le Chev. Mais je vous y trouve.

La Marq. Charmant, chevalier !

Le Chev. Savez-vous pourtant que je suis piqué au vif !

La Marq. Pourquoi cela ?

SCENE II.

LE CHEV. Parce que vous êtes dans la petite maison du président de Guibraville. J'avois des droits, il me semble, à la préférence.

LA MARQ. Une folie.....: je n'ose me l'avouer à moi-même; jugez si je puis vous expliquer cela.

LE CHEV. Je vous avoue qu'il me paroît, tout ensemble, étrange et plaisant, qu'une femme de qualité se réunisse à des filles en partie de gaîté, que bien des gens appelleroient d'un autre nom. Au reste, plus la chose est rare, et plus elle sera amusante.

LA MARQ. Je ne vous entends nullement. Que signifient ces termes de PARTIE, de FILLES?

LE CHEV. Cela, je crois, n'a pas besoin de vous être expliqué. C'est plutôt à vous à me donner le mot de l'énigme, qui est, selon toute apparence, la curiosité.

LA MARQ. Je veux mourir cent fois, si je comprends rien à ces discours.

LE CHEVAL. Sans doute que vous me ménagez quelqu'agréable surprise? Le président de Guibraville, qui arrive dans l'ins-

Part. II.

tant, avec le vicomte de Sarsanne, l'abbé de Vezac, et trois filles de l'Opera comique, me mettra, j'espere, au fait.

La Marq. (effrayée.) Que dites - vous, chevalier ? le président arrive avec compagnie ? cela ne se peut pas !

Le Chev. Si fait, marquise. Il m'a prié de prendre les devants pour donner ses ordres. Sans cela, pourquoi voudriez-vous que je fusse ici ? Car, assurément, je ne m'attendois gnere à jouir du bonheur de vous faire ma cour, ce soir, et en petite maison.

La Marq. A quoi bon pousser plus loin cette mauvaise plaisanterie ?

Le Chev. D'honneur, je ne plaisante pas ! la chose est telle que je vous la récite, et c'est vous -- même qui voulez vous amuser à mes dépens ; puisque je ne vous apprends que ce que vous savez mieux que moi. Le président m'avoit fait mystere.....

La Marq. Comment voulez-vous que je vous croye ? le président sait que j'ai disposé de sa maison pour tout aujourd'hui.

Le Chev. Marquise, parlez-vous sérieuse-ment ?

La Marq. On ne peut davantage.

Le Chev. Il faut donc, madame, qu'il l'ait oublié. Car ce que j'ai l'honneur de vous dire est de la derniere vérité, et vous ne tarderez pas à en être certaine.

La Marq. Vous me le répéteriez cent fois, que je ne pourrois le croire.

Le Chev. Vous en croirez peut-être vos yeux.

La Marq. Seroit-il possible ! on pourroit me jouer ce tour perfide ! quoi ! l'on auroit l'audace de me manquer à ce point ! me mettre en face de filles publiques !

Le Chev. Savez-vous comment vous tirer de là ? car il ne faut pas penser à vous en aller. Ma voiture est partie : nous sommes à une lieue des fiacres ; et d'ici à ce qu'on en eût un, le président et sa compagnie arriveroient cent fois. Vous n'êtes certainement pas comme des belles qu'amene mon étourdi de cousin ? N'en faites pas à deux, croyez-moi ; donnez-vous pour une comédienne de province qui vient débuter à Paris. Vous verrez peut-être avec plaisir, ce qu'à coup sûr, du moins je le présume, vous n'avez jamais vu.

LA MARQ. Cet expédient est affreux ! je vois pourtant la nécessité de m'y rendre ; mais au moins, chevalier, vous me garderez le secret ?

LE CHEV. Vous pouvez y compter. (On entend un bruit de voiture.) Voilà notre monde.

LA MARQ. Allez vîte, chevalier, à la rencontre de vos amis, et prévenez-les, afin qu'il n'arrive point d'équivoque. Vous connoissez le marquis de Palmarèze, qui a le plus grand crédit auprès du Roi ; par conséquent, chez les ministres : je serois une femme perdue pour la vie, si cette aventure éclatoit. (Une pause.) Que penseroient mes ayeux, chevalier, que diroient ces officiers généraux qui ont versé leur sang pour la patrie, s'ils me voyoient ici avec des créatures ?

LE CHEV. Ce qu'ils diroient, marquise ? que vous êtes une catin. (Le chevalier prononce ce dernier mot, qu'il est presque déja sur l'escalier ; ce qui fait que la marquise ne peut lui arracher les yeux, comme il le mériteroit).

SCENE III.

LA MARQUISE (seule).

Ah ! je mérite bien cette humiliation ! ai-je pu m'oublier à ce point ! je ne sçais quel pressentiment..... non ; écartons toute idée sinistre : elle seroit déplacée dans ce moment-ci. Puisque le vin est tiré, il faut le boire. La sagesse même actuellement est d'en prendre jusqu'à perdre la raison, et de laisser tout au hasard, qui, souvent, nous tire mieux d'affaire que la prudence.

SCENE IV.

LA MARQUISE. (Un connoisseur habitué à voir les femmes d'un certain genre dans les occasions difficiles de la vie, peut appercevoir, sans beaucoup de peine, sous l'air à moitié agréable, et à moitié sérieux de la marquise, sa fureur contre le président, qui s'en doute bien, comme on doit le croire ; mais qui, malicieusement, feint de ne s'en pas douter).

LE CHEVALIER, LE PRÉSIDENT, LE VICOMTE, NÉCELLE, ÉGLANTE, L'ABBÉ DE VEZAC.

LE CHEV. (en s'adressant à la marquise.)

Voulez-vous bien, mademoiselle, que je vous présente mes meilleurs amis, et leurs amies? Je vous présente particuliérement M. l'abbé de Vezac, mon parent, grand vicaire de Condom, qui n'est pas toujours dans son diocese. Il l'oublie volontiers auprès des femmes modestes et réservées, à la sagesse desquelles un honnête et sage ecclésiastique, comme lui, peut se fier.

L'Ab. Madame, mon parent dit vrai à la lettre; mais j'ajouterai que moins perverti que le chevalier, je crois fermement à la vertu des dames; et je n'avance rien jamais, que je ne puisse bien le prouver.

Nac. Je me porte caution de l'abbé. Je suis en partie de son diocese, et il m'a montré ses pouvoirs.

Loz. Parbleu! je suis autant de son diocese que toi: je sçais ce dont il est capable. Il possede au plus haut degré tous les talens propres à honorer un évêque. Il fait des contes comme Grécourt, des proverbes comme Collé; il chante comme Chéron, et prêche mieux que beaucoup d'autres: et vous vous doutez bien quelle est sa chaire?

SCENE IV.

Le Chev. (à Necelle et à Eglante.) Mesdames, faites connoissance avec la charmante Pamene, une des plus belles voix du royaume. Pamene arrive de Bordeaux, par ordre du Roi, pour débuter à l'Opéra. Je me flatte que vous voudrez bien ne pas faire cabale contre elle, et qu'au contraire, vous lui accorderez votre protection. (A ce mot de protection, on apperçoit sur la figure de la marquise des signes non équivoques de l'amour-propre révolté. Le chevalier ne s'en est pas servi sans malice.) Allons, pour entamer la connoissance, embrassons - nous. (Tout le monde s'embrasse ; les baisers des hommes aux femmes sont un peu plus prononcés, comme on l'imagine bien, que ceux des femmes aux femmes ; et l'on voit fort aisément la répugnance de la marquise à se prêter à cette embrassade générale. Aussi le fait-elle d'une maniere froide, digne, et même un peu impertinente, qui lui est parfaitement parodiée par Eglante et Necelle. Ensuite le tempérament l'emporte, et vers la fin du proverbe, la marquise devient aussi folle qu'une fille de l'Opéra comique ; ce qui n'est pas peu dire).

Le Chev. Eh ! mon Adeline, qu'en avez-vous fait ? est-ce que nous ne l'aurons pas ?

Nec. Non, elle est indisposée. Chevalier, elle m'a chargé de vous faire particuliérement ses excuses.

Le Chev. Je ne les reçois pas.

Egl. Consolez - vous, chevalier : elle ne tardera pas à venir.

Le Prés. (à la marquise, sous le nom de Pamene, d'un ton un peu persiffleur.) Vous voilà belle comme Vénus ; on vous prendroit pour elle, si vous étiez aussi volage.

La Marq. (Comme le salon est fort grand, et que chacun est assis à une certaine distance les uns des autres, la marquise, sans parler bas tout-à-fait, mais assez pour ne pas être entendue d'Eglante et de Necelle, fait connoître au président qu'elle est vivement piquée contre lui.) Ne joignez pas, M. le président, l'ironie à l'insulte. Ce trait que vous me faites aujourd'hui, est infâme. Je ne vous le pardonnerai de ma vie.

Le Prés. Je vous passe ce petit mouvement d'humeur ; il est à sa place : et vraiment, marquise, je m'avoue très - indiscret, très-coupable d'être dans ma petite-maison, sans y être par votre ordre, et pour votre compte. (Sans attendre la réponse de la marquise, il fait une pirouette sur le talon, et s'éloigne).

LE CHEV. Allons, mesdames, débarassez-vous de vos mantelets. Vous êtes ici dans la maison de la liberté ; suivez mon conseil : vous y gagnerez, et nous aussi. Il faut se découvrir quand il fait chaud.

LE PRÉS. Tu parles d'or, chevalier. (Les hommes ôtent les mantelets, et se payent de leurs attentions. C'est en ce moment que la marquise se détermine à oublier ses titres, prévoyant bien qu'on ne s'en tiendra pas à ne se défaire que de ses mantelets. Elle sait qu'en pareil cas , il est du dernier ridicule d'être à cheval sur son honneur.)

NEC. En effet, me voici plus à mon aise : j'étouffois.

EGL. Et moi aussi.

NEC. Ma bonne amie, est-ce que nous ne dirons pas une petite antienne au tapis vert ? Ne ferons-nous pas un tour de trente et qua-rante ?

Le Vic. Tu ne sçaurois être un moment quelque part, que les doigts ne te démangent. Il faut qu'ils touchent des cartes.

Nec. Des cartes, ou autre chose.

Le Prés. Polissonne (1) !

L'Ab. Point d'indécences, Necelle. Réserve ces jolies choses pour quand tu souperas avec des académiciennes de la rue St.-Nicaise ; (à Pamene :) Madame, vous ne l'êtes pas encore, ou avec des capucins du Marais.

Egl. L'abbé, vous avez raison. Ma bonne amie se gâte ; elle voit quelquefois mauvaise compagnie.

Nec. Mais je t'aime avec ta mauvaise compagnie ! sommes - nous ici à l'église ?

Le Chev. Il n'y manque, je crois, ni eau bénite, ni goupillons, ni prêtres, ni autels.

Nec. Dam ! moi, je ne saurois rester à rien

---

(1) On conseille aux acteurs, qui joueront ce proverbe, d'abréger cette longue scene, qui deviendroit froide au théâtre. Il faut passer, tout de suite, de cette réponse du Président, au couplet d'Eglante, page 87 : Président, on m'a dit que vous aviez meublé, etc.

faire. Ne suis-je point occupée ? Aussi-tôt mon imagination travaille, et si je suis seule, j'use de la seule ressource que me fournit le mo--ment ; mais qu'un homme vienne à paroître, pour peu qu'il soit aimable, vous jugez bien que je le préfere ; car j'aime mieux la réalité que son ombre, ou son image. Cependant je me contente de la gravure, quand je ne puis me procurer le tableau. (à la marquise.) Madame, ne soyez pas scandalisée ; mais c'est qu'il ne me déplaît pas de me montrer à nue, afin qu'on me connoisse à fond.

LA MARQ. Quand on est aussi belle que vous, avec toutes les graces et les charmes de la jeunesse, je conçois facilement que, loin de craindre les regards, on puisse les provoquer.

LE VIC. Oh ! point de complimens. Nous tomberions bientôt dans la langueur, et nous ne sommes pas ici pour cela. N'est-ce pas, l'abbé ?

L'AB. Je ne décide point entre Geneve et Rome ; mais si j'ai mon avis ici, je me constitue Sigisbé de la belle Pamene. Toutefois daigne-t-elle agréer mes services ?

La Marq. M. l'abbé, je ne suis point de votre diocese, moi.

L'Ab. Vraiment si. Je veux vous faire toucher cela au doigt et à l'œil.

La Marq. C'est parler que cela ; mais pourtant je ne puis accepter vos offres, qu'autant que ces dames ne le trouveront pas mauvais. Elles me paroissent avoir des droits d'antériorité sur vous.

Egl. Madame, ce qu'on prête, on ne le donne pas, et nous sommes gens de revue. Ma camarade et moi, nous ne trouverons pas mauvais que vous vouliez bien vous charger de perfectionner son éducation. Je vous en saurai même bon gré en mon particulier ; car il faut que vous sachiez que l'abbé m'est un peu allié, et que j'y prends l'intérêt d'une parente et d'une amie. Il ne m'est pas permis, en ce lieu, de prendre avec lui un titre plus doux, qui m'est pourtant bien acquis. Vous voyez, l'abbé, je suis discrete.

L'Ab. Oh! oui ; comme ma tante, qui conte ses mille et une aventures à tout le monde ; même à ceux qui les savent comme elle. Sa mémoire, à cet égard, lui joue de perfides tours.

Le

Le Prés. Jeune homme, vous oubliez que votre tante est aussi devenue la mienne.

L'Ab. Et que vous êtes devenu mon oncle.

Le Vic. Ce qui seroit vraiment long, et peut-être à ne pas finir, c'est si la très-bonne comtesse se mettoit à donner la liste des heureux qu'elle a faits ; car tu sais aussi bien que nous, Président, qu'elle a essayé tout ; prélats musqués, abbés austeres, au-teurs, chanteurs, moines.....

Nec. Elle a donc eu une ménagerie ?

Le Vic. Elle n'a pas dédaigné de jetter le mouchoir à la livrée.

Egl. Et mais ! un laquais n'est-il pas un homme ? Quand il est jeune, bien fait et d'une jolie figure, il vaut mieux au lit qu'un marechal de France. Voilà au moins, dit-on, comme pensent les femmes de la Cour. Vous devez le savoir, messieurs ? vous en êtes.

Le Chev. Ne divulguons pas les secrets de famille. Voilà comme la considération se perd. Si nous n'aimons pas la vertu, par elle-même si aimable, craignons le vaudeville.

Nec. L'hypocrite ! ne diroit-on pas qu'il croit à la vertu ?

Part. II.   8

LA MARQ. Vous paroissez scrupuleux, M.
le chevalier !

LE VIC. Il vaudroit mieux qu'un chevalier
de Malte ne le fût pas.

ECL. Il est bien plus. Tel que vous le voyez,
il est dévot.

LA MARQ. Il ressemble peut-être à Em-
manuel VI, roi de Portugal. Ayant fait son ser-
rail d'un couvent de religieuses, il ne s'y ren-
doit jamais, qu'accompagné de son confesseur.

NEC. Oh ! je vous aime tous avec la vertu,
la dévotion et les scrupules du chevalier ! il
a sur tout cela les idées d'un vrai reprouvé :
mais il accomplit à merveilles ses trois vœux ;
pauvre..... au lit ; obéissant.... à table ;
et chaste..... à l'église. C'est un religieux à
proposer en exemple.

LE PRÉS. Que de traits fins et ingénieux
prodigués en pure perte ! sans doute que vous
vous croyez ici à une séance de l'académie
Françoise, puisque vous y faites un pareil
étalage d'esprit. Mais malheureusement l'esprit tue la gaîté.

LA MARQ. (d'un ton qui semble naïf, mais
plein de malice). En effet, M. le Président ;

mais il est permis aux riches de faire une belle dépense, et d'avoir même du luxe. Il est bien vrai que les indigens en paroissent plus pauvres; mais que voulez - vous? les choses sont ainsi.

Le Vic. Bravo! bravo! notre hôte, tu mérites bien cette petite malice. (Il n'est pas nécessaire d'avertir que de temps en temps les hommes prennent de petites libertés avec les dames, qui leur donnent des coups d'évantail sur les doigts; ce qui ne les corrige pas. Ceci est une fois dit pour toutes, parce qu'il faudroit y revenir trop souvent, ce qui deviendroit ennuyeux; car il n'en est pas de ces répétitions comme de celles.... on m'entend).

Col. Président, on m'a dit que vous aviez meublé nouvellement un boudoir en Perse, qui est la plus jolie chose du monde.

Le Prés. En attendant Adeline, si cela peut vous plaire, nous y passerons. Après, nous ferons quelques tours de jardin; et si vous le désirez, Mesdames, pour gagner le souper, nous prendrons du Punch dans le petit Kiosque.

LA MARQ. J'opine pour cela.

ECL. Je t'opine, comme madame.

NEC. Allez, moi, je reste.

LE VIC. Je reste aussi.

LE PRÉS. Liberté. Nous vivons ici en république.

SCENE V.

LE VICOMTE, NECELLE.

LE VIC. Sais-tu, sans te flatter, que tu as droit de plaire dès qu'on te voit, et d'être aimée à l'instant. Tu es parée comme un ange. D'honneur ! ta robe citron est moins fraîche que toi, et cette coëffure. . . . tiens, Necelle, demande à être chiffonnée. Cet ajustement si leste n'a pas été mis sans dessein, n'est-ce pas ? (Le vicomte devient plus entreprenant, mais avec assez de modestie.) Un peu de complaisance, quelques faveurs ?

NEC. (avec ironie.) Ne vous fait-on pas trop languir, Vicomte ?

LE VIC. Ah ! coquine ! . . . . (Il commence à perdre un peu le respect.)

NEC. (D'un ton minaudier qui n'en impose jamais, et qui, au contraire, fait devenir entreprenant.) Finissez donc, Vicomte.

Le Vic. Comme ces fleurs sont placées ! cette aigrette est mise à ravir ! Ce bouquet est du meilleur goût. Il est vrai qu'on n'y fait pas seulement attention, quand on regarde la beauté qui pare tout cela.

Nec. Sans peine mon oreille entend toutes ces choses flatteuses : mon amour-propre s'en accommode très-bien. Si la vérité m'empêche de les croire, l'amitié vous en tient toujours bon compte. Mais, Vicomte, cesserez-vous de me regarder ainsi ? A la fin, voyez-vous, vos regards m'embarrassent.

Le Vic. Dis plutôt qu'ils te déplaisent. Convaincu de mon malheur......

Nec. Comme il est modeste !

Le Vic. Oui, modeste et malheureux. (Il lui serre la main.)

Nec. Mais, Vicomte, voulez-vous m'estropier.

Le Vic. Je te demande mille pardons. Je ne croyois pas qu'on put estropier si aisément. Ote donc cette palatine : elle doit te gêner. Pour moi, elle m'importune......

Nec. Beaucoup ?

Le Vic. Beaucoup.

Nec. Faites vous-en justice.

Le Vic. (Il profite librement de la permission.) La belle gorge ! qu'elle est ferme, et
que les globes en sont placés dans une juste
distance !

Nec. Polisson, ôtez cette main.

Le Vic. Laisse-moi voir cette bague.

Nec. Elle n'en vaut pas la peine.

Le Vic. Si fait. (Elle lui donne la main.)
Les jolis doigts ! qu'ils sont blancs ! quelle
rondeur ! (Il les baise de maniere à laisser
voir clairement qu'il ne baisera pas que les
doigts.) A ton tour, tu me serres la main,
friponne ? pour moi, j'entends à merveille ce
que cela veut dire. Main qui serre, veut quelque
chose. (Il la baise sur la bouche. Machinalement ils vont tous deux sur le plus large cana-
pé.) Ma petite amie, viens sur mes genoux.
(Elle se met sur les genoux du vicomte, dont
les mains s'émancipent. Necelle fait semblant
de vouloir les réprimer, pour augmenter encore les desirs du vicomte, qui la presse dans
ses bras. Elle se défend avec mollesse.)

Nec. Quelle pétulence ! vous vous fatiguez,

mon cher vicomte : soyez sage. Voilà mes jeunes gens! leur feu part comme un coup de pistolet, et s'évapore en fumée. (On doit juger que Necelle ne parle ainsi que par crainte. Le vicomte la fait évanouir, cette crainte, non par une longue dissertation, mais par un signe auquel la femme la plus incrédule ne peut se refuser. Les baisers de part et d'autre se multiplient à l'infini, et le tableau de leur situation est des plus pittoresques. Necelle sourit tendrement au vicomte.) Passe ton bras derriere ma tête, et pose ta bouche sur ma gorge. Moi, je vais me saisir de tes armes, crainte que tu ne me blesses. (Elle le fait comme elle le dit.)

Le Vic. C'en est trop! je ne puis plus tenir à tant de charmes! oh! quelle volupté! je n'en ai encore de ma vie éprouvé une semblable! oui, Necelle, tu es une vraie magicienne en amour. Victime charmante de ce dieu, il faut que je t'y sacrifie. Aussi bien te voilà ornée de bandelettes; et je ne doute pas que tu ne te sois purifiée dans une onde parfumée.

Nec. Je ne sors jamais sans cette préparation. On trouve tant de sacrificateurs, qu'il est de la prudence d'être toujours prête !

Le Vic. Je te loue fort de cette prudence. (Le vicomte place Necelle sur l'autel ; c'est-à-dire, qu'il l'étend sur l'ottomane de la manière la plus commode pour être sacrifiée. Elle joint les mains sur sa tête, mais sans la presser. Ses yeux sont fermés, pour ne pas voir le coup qui doit lui être porté ; et cependant sa bouche est un peu entr'onverte, comme pour demander quelqu'offrande. Elle est dans une position voluptueuse et de voluptueuse. Le vicomte lui met le poignard dans le sein, et elle perd toute connoissance, exceptée celle du plaisir. Il faut ici une pause.)

Le Vic. (Encore sous le charme, et qui, par conséquent, n'est point de ceux dont il est écrit : Post coïtum, animal triste). Ah ! charmante Necelle, que Vénus t'a d'obligations, et que tu es bien digne de partager les présens qu'on lui consacre ! Tu me donnes une véritable idée du prothée de la fable. Tu es lion pour le feu, et serpent pour l'art des mouvemens ; onde et fleuve pour te dérober, et tu finis par être une mortelle au-dessus de toutes les déesses.

(Cette scene, comme on l'imagine bien, n'a pas laissé que de durer un certain temps ; et il est d'autant plus aisé de le croire, qu'un mois avant, le vicomte a été surnommé LE SERRURIER, par la demoiselle Durancy, le plus infatigable fourreau de l'Opéra.)

NEC. Il me semble que nos amateurs se plaisent où ils sont. Ils emploient leur temps.

LE VIC. Sur ma parole, ils ne laisseront pas plus de vuide à remplir que nous.

SCÈNE VI.

LE VICOMTE, NECELLE, EGLANTE.

EGLANTE, (éclatant de rire, après avoir fixé ces amans heureux, sinon honteux, au moins embarassés de leur bonheur.)

Voila une robe, ma chere Necelle, qui semble avoir été de quelque partie ; et si les yeux du Vicomte ne peignent pas le moment du plaisir, on ne peut s'y tromper, ils marquent celui d'après. (Elle regarde l'ottomane, et après l'avoir examinée avec soin, elle dit :) Vicomte, si vous faisiez une carte des lieux où vous avez combattu, celui-ci seroit marqué en rouge, à coup-sûr.

Nec. Parbleu ! il te sied bien de tirer ces conjectures et de ma robe chiffonnée, et de nos yeux qui sont plus que les tiens, le miroir de l'innocence !

Egl. Tiens : crois-moi, ma fille ; défais-toi de ces ajustemens superflus. Nous ne nous en allons pas tout-à-l'heure : mets-toi en corset, ainsi que moi. Tu trouveras là-haut un assortiment de déshabillés, et tu choisiras. Le Président a une garde-robe de femme, la mieux montée que j'aie vue jamais, et que je troquerois volontiers avec la mienne.

Le Vic. Oui, point de cérémonie. Vos graces, belles dames, en sont plus aimables en négligé ; et je le conseillerai toujours à toute femme bien faite, quand elle voudra faire la plus vive des impressions.

Necelle (qui a un besoin urgent de passer l'éponge sur ce qui vient d'arriver, profite avec une sorte d'empressement du conseil de sa bonne amie.

Tu es de bon conseil, Eglante ; aussi bien ma robe me gêne.

Egl. Mets la sur le lit, où j'ai déposé ma polonoise ; mais garde toi bien d'éveiller l'Abbé qui repose sur la duchesse. C'est l'amour endormi, dont le sommeil assure l'innocence des bergeres.

SCÈNE VII.

Le Vicomte, Eglante.

Eglante (qui connoît le prix des momens, va fermer la porte avec un doigt de verroux, Elle fait un petit saut de caractere, et sans autre préambule, dit au Vicomte :)

C'est à moi à qui vous avez affaire maintenant, charmant vicomte. Je vous aime ; le temps est court : le chevalier n'a fait qu'effleurer la matiere ; il a commencé le combat ; il faut que vous vainquiez pour lui. (Elle dit, et embrasse le vicomte avec vivacité.) Leve donc sur moi tes beaux yeux ; qu'ils me disent, si ta bouche ne veut pas le prononcer, que tu ne me hais pas.

Le Vic. (Il est un peu embarrassé, et l'on

se doute pourquoi. Aussi sa réponse n'est-elle pas d'un homme qui a l'esprit du moment.) Non... ; je ne vous hais pas. (Ce qui veut dire : vous me prenez au dépourvu ; je ne puis vous aimer encore, attendez un moment. Eglante accoutumée à interpréter de pareils discours, pour hâter l'instant décisif, lui fait les plus irritantes caresses.)

EGL. Tu me baises sans plaisir ; et pendant que mon cœur vole sur tes levres, et s'y pénetre de la plus douce des voluptés, tu sembles te refuser au même bonheur, ou être incapable de le sentir. Ah ! Necelle t'a ôté tout ton amour.

LE VIC. N'attribuez point à Necelle ce qui n'est que l'effet de la trop grande chaleur. Il fait si chaud, qu'il n'y a point d'homme, je gage, qui, dans les bras de la femme, non-seulement la plus aimable, mais encore la plus aimée, ne se trouvât absolument nul.

EGL. Tu raisonnes, et je sens ! Ah ! vicomte, tu raisonnes........parce que je te crois dans l'impossibilité de déraisonner.

LE VIC. (Ses yeux deviennent plus brillans ;

ce

ce qui fait concevoir des espérances à Eglante.)

Ah ! tu m'insultes !

EGL. (avec transport, s'appercevant que le vicomte donne des signes de joie). Si tu savois avec quelle vivacité je t'aime, tu rougirois, vicomte, de ne m'aimer que médiocrement. Que dis-je ? tu ne m'aimes point du tout.

LE VIC. (Il paroît tout-à-fait sensible au reproche, qui est à bout portant; et après un petit moment qu'il reste sans répondre, il repart avec fierté, et même avec cette audace d'un homme insolent qui manque aux femmes ; mais qui ne les manque point). Je ne t'aime pas ! et que fais-je donc ? Conviens que tu es bien injuste. Rien ne m'a jamais été aussi cher que toi : rien ne me le sera jamais autant.

EGL. (Avec une certaine langueur voluptueuse.) Tu m'aimes bien ?

LE VIC. N'es-tu pas pleinement rassurée ? Il me semble. . . . . . .

EGL. Oui, je suis convaincue. Tu leves. . . . .

tous mes doutes. . . . . . (avec emportement.)
Ah! je t'adore!

Le Vic. Tu ne te plains donc plus?

Egl. Ah! je te reconnois pour un des plus
vaillans chevaliers à qui jamais jeune bache-
lette ait octroyé le gentil don d'amoureuse
merci. Que tes regards sont vifs et tendres!
Comme ils pénètrent mon ame!

Le Vic. Abandonne - moi cette bouche si
fraîche, si petite.

Egl. Puis - je te rien refuser? Prends - moi
dans tes bras. (Le vicomte ne se le fait pas
dire deux fois.) Ah! je te serre contre mon
sein, et tes yeux fixés, enflammés. . . . . .

Le Vic. Que tu es belle! Pourquoi, dans
cet instant, me parois - tu plus charmante encore? C'est que mon cœur est plus près du
tien. —— Que ton haleine est douce! c'est le
parfum de la rose. Souffle - moi la vie.

Egl. Quel agréable, quel delicieux frémis-
sement! . . . . . . (Arrive l'instant définitif).

Ensemble et alternativement.

Egl. Arrête.... de grace... Eh! bien! sois content.. Jouis de tou-	Le Vic. Serres-moi bien fort... Redoubles tes caresses..... Quels

SCÈNE VII.

EGLANTE.

te ma tendresse et des transports que tu m'inspires...Tu troubles.... Tu pénetres..Ah! sens-tu..... Comme je t'aime..! Courage..Vîte.. Je ne me connois plus.. Mon ame est prête à me quitter.... J'expire de ton amour... et du mien...Je m'affoiblis.. Je n'y suffirai jamais... Ah!... Dieux!... Vicomte.... Cher ami.... Mon petit roi... Mon tout..... Tu m'inondes d'un torrent... de délices.... Les cieux s'ouvrent... Je me pâme...

LE VICOMTE.

reins mobiles et souples!...Je suis tout en feu.... Non.... Encore... une minute.... Ne précipites pas.. tes mouvemens... Que sur ta bouche de rose...... Transports divins..... Belle Eglante..... Enivré..... Plongé au sein de toutes les félicités, je ne suis plus à moi... Reçois la preuve...... Plaisirs indicibles...! ..... Quel charme ravissant.!Inexprimable volupté....! Ma petite amie.... Mon cœur.... Mon ange....Je meurs .... Ah!..... Ah!..... Ah!.... Je meurs......

(Une pause.)

LE VIC. (va ôter le verroux, et revient s'asseoir auprès d'Eglante). Ah! tu m'as fait éprouver une telle volupté, que je ne crois pas qu'il soit possible de rien ajouter au bonheur que je te dois. Aux graces et à la beauté, tu joints l'art plus précieux encore de savoir également donner et recevoir les plaisirs les plus célestes.

Egl. Heureux mortel ! tu fous aussi aisément qu'un autre éternue.

SCÈNE VIII.

Le Vicomte, Eglante, Necelle, Le Chevalier, Le Président.

Necelle, (regardant malicieusement le Vicomte et Eglante.)

Cette ottomane est singuliérement contagieuse ! on se sent attirer sur elle, comme malgré soi : n'est-ce pas Eglante ? c'est notre aimant : nous y volons comme la paille.

Egl. Je ne t'entends pas.

Le Chev. Tu as l'air bien pensif, Vicomte ?

Nec. C'est quelque chose de plus ; il a l'air respectueux. (avec ironie.) Il respecte les femmes, le Vicomte !

Le Chev. Une vérité pourtant démontrée, c'est qu'on n'est mal-honnête homme qu'avec une jolie femme.

Egl. Eh ! peut-on vouloir du mal à qui nous donne du plaisir ?

Nec. Moi, je sais toujours gré, quand on me débarrasse du cérémonial.

S C È N E IX.

Le Vicomte , Eglante , Necelle , Le Chevalier , Le Président , L'Abbé , La Marquise , Discreto.

Discreto ne reste sur la scene que le temps nécessaire à allumer les bougies. Elles sont en grand nombre, comme dans une fête. Hommes et femmes ont bu force Punch ; ce qui les a mis tout-à-fait en gaîté , mais d'une gaîté vraiment folle : la suite le prouvera.

Necelle (au Président et à la Marquise :) Vous arrivez fort à propos, pour vous refaire des fatigues du . . . . du sommeil ; car vous dormiez, dit-on. (Elle prononce le mot de sommeil avec une sorte de malignité, qui dit tout ce qu'on voudra imaginer. Il n'est peut-être pas hors de propos d'avertir qu'on parle et qu'on se caresse en même temps. Il ne tiendra qu'aux acteurs et aux actrices de

donner à cette scène toute la chaleur dont elle
peut être susceptible.)

Vic. Il faut convenir qu'Adeline seroit
beaucoup mieux ici que partout ailleurs. J'aime, moi, les parties carrées.

L'Ab. Est-ce que l'espiégle ne nous tien-
droit pas parole?

SCÈNE X.

Le Vicomte, Eglante, Necelle, Le
Chevalier, L'Abbé, Le Président,
La Marquise, Adeline,

(Sortant précipitamment d'un cabinet, où
elle a tout entendu et tout vu.)

Adeline. La voici. Elle est on ne peut pas
plus sensible à votre bon souvenir.

(Elle donne aux hommes un baiser sur le
front, avec un certain petit bruit de lèvres
qui est ordinairement l'écho du plaisir.)

Vicomte, comment vous trouvez-vous?
N'êtes-vous pas un peu fatigué?

Le Vic. Que veux-tu dire?

Adel. Eglante, Necelle, entrerai-je dans
des détails?

Egl. Comme tu voudras; car je pense bien
que cela ne nous regarde pas.

Adel. Et si cela vous regardoit ?

Le Chev. Eh ! bien !

Adel. Eh ! bien ! depuis trois quarts d'heu-re . . . . je suis dans ce cabinet, et . . . .

Nec. N'as-tu que cela à nous apprendre ? Tu vas répéter ce que chacun de nous a fait, pour ne pas perdre un tems dont nous con-noissons le prix. Demande plutôt à l'abbé.

L'Ab. (Il chante.)

Le souvenir m'en plaît encor ;

Dirai - je mon confiteor ?

Le Vic. Parbleu ! l'abbé a plus d'esprit que nous tous ; car il a celui du moment. Très-ingénieusement il nous donne à entendre que voilà assez bavarder ; qu'il faut qu'on chante, et qu'un plaisir succede à l'autre. C'est grace à la variété qu'on ne connoît jamais l'ennui.

Le Chev. Bien dit.

Nec. Voilà d'où vient, sans doute, vi-comte, que j'aime tant à changer d'éguilles, lorsque je travaille. Cela empêche de s'ap-percevoir qu'on est occupé toujours à la même besogne.

Adel. Il faut prier madame, (elle indique la marquise) de nous chanter quelque chose.

Le Prés. Point de sérieux.

Egl. Du gai.

L'Ab. Une gravelure ; cela se marie à merveille avec le punch.

La Marq. Je ne sais rien.

Le Prés. Vous n'êtes pas de bonne-foi. Vous savez le cantique d'Onan et celui de Thamar.

La Marq. J'ai oublié beaucoup de couplets dans l'un et l'autre.

Le Vic. Nous vous soufflerons.

La Marq. J'y consens, à condition que ces dames chanteront aussi.

Le Prés. Sans doute. Je vous réponds d'elles : elles ne sont pas bégueules, vous le savez. (1)

Adel. Mais avant que l'on commence, permettez que je fasse une réflexion.

Le Prés. Fais donc vite.

Adel. Comment n'avez-vous pas eu la curiosité de savoir ce qui m'a empêché de venir avec mes bonnes amies ?

Le Vic. Tu nous diras cela, après que Pamene aura chanté.

____

(1) Il faudra encore passer, à la représentation, tout ce dialogue jusqu'à la page 106, on chante, etc.

Adel. Non , il faut que je vous raconte d'abord mon histoire : je pourrois l'oublier.

L'Ab. Tiens, j'ai dans l'idée que nous n'y perdrions pas beaucoup.

Adel. Cela peut - être ; mais il faut que je me satisfasse. Désir de fille est un feu qui dévore.

Le Chev. Commence donc : expédie promptement.

Adel. Un moment avant que vous arrivassiez pour me prendre, un homme de la cour, que je ne puis nommer, m'est venu faire une visite.

Le Chev. Passe les détails.

Adel. A la bonne heure, quoique pourtant je brille aux détails qui, souvent, valent mieux que le fond des histoires.

Le Prés. Point de réflexions : au fait, avocat.

Adel. Survient un abbé de la connoissance du personnage en question, de la mienne, et de la vôtre aussi , mesdames. Ils se sont, au bout d'un quart - d'heure, retirés à l'écart, dans une embrâsure de fenètre : ils jasoient bas. Je commençois à m'impatienter, lorsque

Je marquis, haussant la voix, a dit à l'abbé:
Mon ami, il y a long-temps que je me doutois
que ma femme étoit comme toutes les autres;
mais je ne l'aurois jamais soupçonnée d'une
telle infamie. Je vais trouver le ministre, qui
est heureusement à Paris : il ne me refusera
pas une lettre de cachet, et avant une heure....
Je n'en entendis pas davantage. A ces mots,
ils parient ensemble; et moi, charmée de me
voir libre, je profite de ma liberté pour venir
partager vos plaisirs. Mais je plains bien la
malheureuse !

(On chante. Les hommes prennent avec les
femmes les plus insolentes libertés; ce qui
pourtant n'interrompt point le cantique, lequel achevé, l'abbé prend la parole et dit :)

L'AB. Mesdames, pour couronner dignement le Punch, faisons LA GIRANDOLE.

LA MARQ. Qu'entendez-vous par là, M.
l'abbé?

L'AB. Eh ! quoi ! Pamene, ce triomphe de
la volupté, est-il inconnu à Bordeaux.

LA MARQ. Du moins ne l'est-il pas sous ce
nom.

LE CHEV. Promettez, et avec serment,

d'imiter les bonnes amies qui, elles, sont très
au fait de LA GIRANDOLE, et nous allons
vous expliquer, et vous montrer ce jeu diver-
tissant, récréatif et renouvellé des Grecs.

LA MARQ. (On doit faire attention qu'hommes et femmes sont dans le plus extrême dé-
sorde, dans l'ivresse des plaisirs de toute
sorte; et qu'ainsi ils ne sont plus retenus par
aucun frein.) Je promets.

LE VIC. C'est par LA GIRANDOLE que les
dieux terminoient toutes leurs galantes orgies.

LE PRÉS. Et toutes quatre, mesdames,
vous êtes cent fois, mille fois plus aimables
que toutes les déesses.

NEC. Je me résigne.

EGL. Je me résigne de même.

ADEL. Moi, je suis du bois qui sert à faire
les violons.

LA MARQ. Je suivrai votre exemple, mesdames : je ne crois pouvoir faire mieux.

(A l'instant même, chaque joueur s'empare
de sa joueuse, dans l'intention de commencer
la partie. Adeline, qui seule est de sang froid,
par comparaison à Nicelle, à Eglante et à
la Marquise, dit au Président :)

Président, au préalable, vous voudrez bien mettre un doigt de verroux à la porte, sans doute ?

L'Ab. Oh ! oui ; un doigt de verroux : il faut observer, garder la décence, même alors qu'on la perd.

Le Prés. (ivre de punch, croit mettre le verroux, et ne le met pas. Il est coutumier du fait.) Mesdames, le voile de la pudeur est tiré : rien n'empêche qu'on commence.

(Aussi-tôt chaque belle est portée sur une des ottomanes qui sont au nombre de quatre.)

La Marq. La bonne folie ! Messieurs, est-ce là une épreuve maçonique ?

(Avant que d'entrer dans un temple, un amateur examine avec soin, avec un regard perspicace les lieux qui l'avoisinent. Souvent les objets qui l'entourent offrent des points de vue presqu'aussi intéressants que le temple même, et précieux sur-tout pour les personnes exercées à voir les chef-d'œuvres dans les plus petits détails. Nos champions préludent par le plus charmant badinage, par les exercices les plus lascifs de la Gymnatique vénérienne, ou l'art de faire concourir toutes les

parties

parties du corps aux délices de l'amour; art enchanteur qui devient une ressource pour suppléer à l'inertie des organes des deux sexes, fatigués par des combats antérieurs; car malheureusement, comme tout le monde le sçait, ils se lassent à ces combats aimables; nos champions, dis-je, par des caresses vives ou délicates, des attouchemens érotiques, des postures variées sans cesse, préludent au dernier acte de la volupté; à la suprême ivresse de tous les sens réunis en un seul, dans laquelle ivresse se réalisent les jouissances des desirs, de l'imagination, et mieux, et plus encore, d'un heureux phisique; et c'est le cas d'appliquer ici le proverbe, GAUDEANT BENE NATI. Si l'on ôte du culte de Cythere les préludes, les paroles magiques, l'ennui bâille avec nous sur le sein de nos belles; et l'on s'endort, pour ne jamais se réveiller.

N. B. (Chaque couple doit se groupper de maniere qu'on ne perde pas un mouvement, et qu'enlevés à eux-mêmes par le spectacle des objets les plus divins, les voisins avec les voisines soient involontairement, et comme sans s'en appercevoir, forcés d'imiter les acteurs et les actrices qu'ils ont en regard.)

L'Ab. Ta peau, Nécelle, plus douce au toucher que l'hermine, rapprochée du satin le plus blanc, le terniroit, sans doute. Quels yeux étincelans de volupté ! quelle chûte de reins fermes, élastiques ! quelles rondeurs moëlleuses ! quelles formes divines ! bras, mains, pieds, tout est achevé ; tout est charmant, tentateur.

Néc. Céleste créature ! Kéroubino d'Amoré ! Ablé, que n'ai-je à ma disposition la feuille des bénéfices ! Ah ! pour les plaisirs que tu me donnes, ce ne seroit pas assez de tous les évêchés de la terre ! O que ta langue est douce..... entrante..... pénétrante !

L'Ab. (les yeux ardens et fixés sur ceux de Nécelle). Si j'ambitionnois quelque chose du pouvoir des Dieux, ce seroit de rendre l'univers témoin de ma félicité. Ah ! si j'avois été Mars, serrant dans mes bras Vénus, sans doute moins belle, moins desirable que toi, j'aurois été fâché de voir la nature oisive contempler en silence mes transports ; j'aurois voulu que mes feux, embrâsant tous les êtres, eussent répandu ma flamme dans tous les mondes ; et moi, principe de cet incendie amoureux, me pâmer d'aise du bonheur de chaque individu !

Nec. Que n'ai-je la puissance de te faire réaliser ce souhait si digne de tous deux !.... Mon corps est tout en feu ; il circule dans mes veines. Tu me couvres de tes caresses. Je ne me soutiens plus : je tombe languissante d'amour. Ange du ciel, envoyé pour mon bonheur ici bas, que je meure de l'excès d'un plaisir sans mesure, et fais-moi renaître, pour expirer de nouveau !

Egl. (au chevalier). Je ne puis parler. Tes baisers me ferment la bouche. (Le chevalier va du haut en bas, où il fait les mêmes caresses). Comme tu me chatouilles délicieusement !

Le Chev. Les belles cuisses ! comme elles s'animent sous ma main ! que la blancheur et l'embonpoint leur donnent d'éclat !

Egl. Et cet autre endroit ?

Le Chev. Fripponne, écarte encore un peu ; que mes regards puissent pénétrer, s'il est possible, jusques dans l'intérieur du sanctuaire, si bien favorisé de la nature : c'est elle-même avec tous ses charmes !

Égl. Fais de moi tout ce que tu voudras : je me remets à ta merci. (Une pause.) Certes, tu n'as point la crampe aux doigts.

Le Chev. Que tes deux levres, colorées de l'incarnat des roses, et garnies d'un poil noir et crépu, font un tout ravissant avec les colonnes de marbre de Paros qui soutiennent l'édifice. Ah ! ce mouvement léger, mais précipité de tes fesses, m'annonce qu'il est temps d'agir plus sérieusement. Comme ton clitoris s'enfle, se gonfle sous mon doigt ! tes soupirs entrecoupés se redoublent ; ils demandent le dernier secours, et je vais te le donner. (Le chevalier s'arrange pour terminer l'heureuse défaillance d'Églante. Comme il est prêt à frapper au but),

Égl. (s'écrie :) Non....; Arrête ! arrête : diffère, chevalier, la derniere jouissance, afin de la multiplier.

Le Président. Jamais les trois déesses qui, sur le mont Ida, disputerent le prix de la beauté ; jamais Hébé, ni les graces n'offrirent aux yeux de leurs amans un cul si

beau, si agréablement arrondi ! Ces pommes,
de neige pour la blancheur, sont plus dures
que les tétons d'une paysanne des montagnes.
Que je baise, que je mordille tout cela. O
pommes d'amour! que tu me donnes de concupiscence et de friandise! comme ta gorge
s'irrite contre le corset qui la retient!

LA MARQ. Président, en vous l'imagination est vive, et la nature lente. Louez-moi
un peu moins ; fêtez-moi davantage. Dame
touchée, dame jouée; mais branler n'est pas
foutre. Ce n'est, pour moi, qu'une mauvaise
gravure du plus excellent tableau.

LE PRÉS. Ne m'humiliez pas ; nous y perdrions tous deux.

LA MARQ. (elle le branle). Du moins que
je n'aie pas à me repentir de mon excès de
bonté.

LE PRÉS. Je l'espere.

LA MARQ. Et j'y compte.

LE PRÉS. Comme tu agites avec un art
merveilleux le flambeau de l'amour !

LA MARQ. Si c'étoit celui de l'amour, il
seroit plutôt allumé.

LE PRÉS. Confié à ta main, il ne trompera

point ton espoir. (En effet il commence à res-
sembler au cierge paschal , non pour les pro-
portions ; le Président n'est point monstreux ,
mais par la belle attitude : c'est tout ce que
desire la Marquise.)

LA MARQUISE , (bien aise de ce qu'elle voit,
mais qui craint pourtant, à cause du monde,
les effets de la maladie à laquelle le Président est sujet.) Puis-je compter sur un peu de
tenue ?

LE PRÉS. (qui n'est pas trop sûr de lui-
-même.) A moins que quelque génie malfai-
sant.......

ADEL. (à sa premiere offrande de la journée , et fort sensible à LA CHOSE, part la premiere , et toute prête à mourir de plaisir,
s'adressant à Necelle , lui dit :) à ta santé,
Necelle.

NEC. (qui ne veut point être en reste de politesse). Ma bonne amie , un moment encore ,
et je vais te faire raison. Je sens aussi couler
le nectar....... dans la coupe céleste. Je
suis , ou du moins je crois être Hébé entre les
bras d'Hercule.

EGL. Est - ce là le recueillement qu'on doit

apporter, observer au moment du sacrifice ?

La Marq. (Assez gaîment, quoique friande, et même gourmande, comme on a pu s'en assurer au premier acte, et au commencement du second.) Mes dames, le président me rate : je vous le dénonce.

(Necelle, Eglante ensemble.) Il nous a bien raté aussi.

(Adeline chante.) Toujours, toujours, il est toujours le même. (Ce qui suit, du ton ordinaire.) Mais, dieu merci ! président, le vicomte ne vous ressemble pas.

Le Vic. Silence. Je n'aime pas qu'on parle si haut, lorsque je suis essentiellement occupé.

Le Chev. Et moi, tout au contraire : cela me rejouit.

Le Prés. Vous êtes tous des libertins sans pudeur. Le ciel vous punira. (On entend un grand bruit dans l'anti-chambre.) Mais qui fait tout ce bruit ?

(Encore bien qu'acteurs et actrices soient persuadés, comme le président lui-même, qu'il a mis le verroux, cependant chacun et chacune, par un sentiment rapide, et commandé toujours en pareil cas, si non par la pudeur, du moins par la crainte d'être surpris occupé de l'acte le plus noble, le plus auguste, mais dont pourtant on auroit honte devant des témoins non appellés, non convenus; chacun et chacune, dis-je, reprennent d'abord un maintien décent, et dérobent aux yeux des charmes qui perdroient leur plus grand prix, si habituellement ils étoient découverts).

SCENE XI et derniere.

Le Vicomte, Eglante, Necelle, le Chevalier, l'Abbé, le Président, Adeline, la Marquise de Palmarèze, le Marquis de Palmarèze, un Exempt de Police. (Des archers s'emparent des portes).

Le Marq. (en colere; on peut l'être à moins). Vous ici, madame! (à l'exempt). Allons, Monsieur, faites votre devoir.

L'Ex. De la part du Roi.......

(A ces mots, De la part du Roi, tous les assistans restent dans un étonnement qu'il est plus facile d'indiquer que de décrire. Pour la marquise, elle n'est pas seulement étonnée, elle est anéantie, pétrifiée, et finit par s'évanouir. Il est aisé de juger que la présence de son mari, dans le lieu, et la compagnie où elle se trouve, ne peut pas produire un moindre effet).

Le Président (au marquis). Comment, monsieur, osez-vous me manquer au point de faire arrêter quelqu'un chez moi?

Le Marq. (furieux). En effet, j'ai bien quelque ménagement à garder avec vous ! Mais ce n'est pas ici que je veux vous répondre : nous verrons si le magistrat, chargé du dépôt des loix, peut impunément s'afficher pour l'instigateur de la honte des plus illustres maisons. (On fait revenir la marquise, et aussitôt le marquis dit à l'exempt :) Allons, monsieur, mettez votre ordre à exécution.

(Adeline, Eglante, Necelle, sont toutes tremblantes, craignant que l'ordre ne soit contre elles. Elles ne se rassurent un peu, que lorsqu'elles sont certaines que l'exempt n'en veut qu'à la marquise, qu'elles ont cru jusqu'à ce moment une nouvelle débarquée de province, qui étoit venue, comme le chevalier le leur a dit, pour débuter à l'Opéra). Emmenez madame. (Il montre la marquise).

L'Ex. Madame , suivez-moi. (Comme le vicomte, le chevalier , le président, l'abbé, font signe de vouloir s'opposer à ce qu'on emmene la marquise, l'exempt leur dit :) J'ai l'ordre précis , messieurs , de vous faire retirer , ainsi que ces demoiselles. Vous vous exposeriez beaucoup, en vous portant à quelque violence. Craignez de vous opposer aux volontés du Roi. (Le président , le vicomte, le chevalier et l'abbé passent de l'autre côté du théâtre avec Necelle , Eglante et Adeline).

La Marq. (à peine revenue à elle). Où va-t-on me conduire ? Qu'allez-vous faire de moi ?

Le Marq. (bouillant de rage). Vous en serez instruite tout-à-l'heure. L'abbé de Guerindal ne m'a donc point trompé !

La Marq. Quel nom venez-vous de prononcer ?

Le Marq. Celui d'un homme qui , instruit de vos odieux débordemens , et plus jaloux de mon honneur que vous-même , m'a donné une connoissance que vous payerez cher.

LA MARQ. Eh! bien, je vois qu'il ne vous a pas tout appris; je vais suppléer à son silence. Oui, j'ai mille reproches à me faire; mais le plus grand de tous, c'est d'avoir passé l'avant-derniere nuit, non chez la maréchale de Vistel, comme je vous l'avois annoncé, mais ici, avec ce même abbé de Guerindal, que vous croyez si fort votre ami.

LE MARQ. (tout-à-fait hors de lui-même). Madame!..... Madame!..... Si vous dites vrai...... Le monstre!..... Il ne se passera pas vingt-quatre heures, qu'il ne soit enfermé dans un cul de basse fosse. Il ne verra le jour de sa vie!

LA MARQ. En vous représentant, monsieur, qu'un mari, qui nous épouse malgré nous, s'expose à ce que sa femme fasse quelque chose malgré lui, je ne prétends point me justifier, ni même diminuer ma faute. Croyez que je me méprise, autant qu'il est possible, d'avoir eu la foiblesse de me livrer au plus perfide, au plus vil des hommes; à celui de tous qui étoit le moins fait pour que je vous manquasse. Quel que soit le sort que vous me réserviez, soyez sûr que je ne me croirai jamais assez punie; car, j'en conviens; il n'est rien au-dessous d'une femme sans mœurs, qu'un abbé libertin.

LE MARQ. Et le proverbe a bien raison: Dis-moi qui tu hantes, je te dirai qui tu es.

LA MARQ. (presque sortie de dessus la scène, revient sur ses pas, et s'adressant aux spectateurs, termine la pièce par les vers suivans, qui en sont l'épilogue).

Avec quelque art, messieurs, et d'un pinceau
                       souvent
    Gracieux, large, énergique, savant,
Un auteur inconnu, copiant la nature,
De ce siecle pervers vous a fait la peinture.
Montrez-vous indulgens. Vous aimez la gaîté:
Sur les mœurs, quand on l'aime, on est moins
                       difficile.

      Gens de bonne société,
      Et de la cour et de la ville,
      Pardonnent à l'impureté,
      En faveur de la vérité,
      Et de la pureté du style.
      Veneris concordia rara est
              atque Pudiciæ. JUV.

La pudeur et la volupté
Sont rarement d'accord ensemble.

FIN DU PROVERBE.

CANTIQUES.

La Création du Monde. 1761.

AIR : *Du Cantique de Saint-Roch.*

L'Être éternel s'ennuyòit seul au monde,
Et son esprit voguoit dessus les eaux ;
Un beau matin sa puissance féconde
Fit l'univers de pieces , de morceaux :
      Sa voix sublime
      Qui tout anime ,
      En quatre mots
   Débrouilla le chaos.

Dieu poursuivit son ouvrage admirable ;
Il sépara la terre de la mer ,
Et puis il dit : il est bien raisonnable
Qu'au moins là-bas chacun puisse voir clair ;
      Que la lumiere
      Par-tout éclaire :

Part. II.   11

Dieu le voulut,
Et la lumiere fut.

Il ordonna que cent globes immenses
Tournassent tout au tour du firmament;
Que le soleil fit germer les semences,
Que sur la terre il plût abondamment:
    Et la nature
    Riante et pure,
    Fut un jardin
En sortant de sa main.

Mais prévoyant que la mer en colere
Pouvoit détruire un travail si fameux,
Avec le doigt il trace une barriere
Insurmontable aux flots impétueux:
    Les vents terribles,
    Souvent nuisibles,
    Ont beau souffler,
Rien ne peut l'ébranler.

Ce n'étoit rien d'avoir produit des plantes,
Que prouveroient de simples végétaux?
Il restoit donc à des mains si puissantes,
De procréer un monde d'animaux.
    Il fit les chevres,

Les ours, les lievres,
Oiseaux, poissons
De toutes les façons.

Quand il eut fait les diverses especes,
Il leur donna sa bénédiction :
Lors les baudets grimpent sur les ânesses,
Pour obéir à son intention.
Chacun commence
La même danse,
Et ce beau jour
Fut la fête d'amour.

L'Être éternel contemploit ces spectacles
Du haut du Pôle applati par Newton ;
Il s'écria, voyant tous ces miracles,
En vérité, mon ouvrage est fort bon !
Mais tant de peine,
Sans prendre haleine,
Peut m'épuiser :
Allons nous reposer.

Il dormit donc tout le long du dimanche,
Comme ayant bien employé les six jours ;
La nuit d'après, qu'il passa toute blanche,
De nos projets bornons, dit-il, le cours.

Donnons des maîtres
A tous ces êtres,
Pour que du moins
On connoisse nos soins.

A peine eut-il pris un parti si sage,
Qu'il fit Adam sans bruit et sans éclat ;
Il n'employa pour un si noble ouvrage,
Que du limon pétri dans du crachat :
          Cette machine
          Toute divine,
          Dieu l'anima
     Quand sur elle il souffla.

Adam formé par la main de son maître,
Qui dans l'instant l'a tiré du fumier,
Fut amené dans un verger champêtre,
Où Dieu le fit son premier Jardinier :
          Prends bon courage,
          Sois doux et sage,
          Dit le Seigneur
     Au nouveau serviteur.

Je te permets de faire toute chose,
Hors un seul cas dont je tais la raison ;
Je te défends de manger, et pour cause,

De ce pommier dont le fruit est fort bon ;
    Car pour les hommes
    Ces belles pommes
    Seroient, hélas !
  La source du trépas.

Je comprends bien que cette solitude
Pourroit enfin t'apporter quelqu'ennui ;
Mais compte, ami, sur ma sollicitude,
Je te la veux prouver dès aujourd'hui.
    Alors un somme
    Du premier homme
    Saisit les sens
  Par ses charmes puissans.

Dieu l'entendant ronfler à pleine tête,
Adroitement tira son bistouri ;
Et d'une côte habilement extraite,
Il fit la femme aux dépens du mari.
    Adam s'éveille ;
    Quelle merveille !
    Il dit ces mots :
  Voilà l'os de mes os.

Ses beaux cheveux, flottant à l'aventure,
Couvrent son sein et ne le cachent pas :

Elle est sans voile ainsi que la nature ;
Mais sans desirs , Adam voit tant d'appas.
  Près d'elle il couche ;
  Mais il n'y touche
  Non plus qu'un mort :
Toute la nuit il dort.

Vers le pommier Eve souvent se montre :
Fruit de cet arbre étoit assez tentant.
Un beau matin le démon l'y rencontre ;
Pour la séduire il se change en serpent.
  Caprice étrange !
  Mais comme un ange ,
  A ce qu'on dit ,
Il avoit de l'esprit.

Ah ! le malin , qu'il connoît bien les femmes !
Comme à son but il vise adroitement !
Dans les enfers pour culbuter nos ames ,
Que lui faut-il ? un desir seulement.
  Eve séduite
  Se trouve instruite ,
  En moins de rien ,
Et du mal et du bien.

Elle voulut que , moitié d'elle-même ,

Son cher époux cessât d'être un nigaut :
Il est timide, il n'ose, mais il aime,
Mais à la fin il fait aussi le saut.
        Il prend la pomme :
        Il faut voir comme
        Il est gourmand !
    C'est fait en un moment.

Tu hantes donc ton savoir sur Madame,
Lui cria Dieu de colere animé :
J'ai fait la fille ; Adam a fait la femme.....
Ton sot orgueil doit être réprimé.
        Race insolente,
        Méconnoisante,
        Allons soudain
    Sortez de mon jardin.

L'ordre est précis ; ils sont chassés sur l'heure.
De son état se voyant lors tombé,
Adam gémit, il se désole, il pleure ;
Dans son chagrin il paroît absorbé.
        Eve plus forte,
        Le reconforte
        Par ce discours
    Avoué des amours :

Mon bon ami, notre concupiscence
Vaut beaucoup mieux qu'un jardin, qu'un
                                   pommier :
A mes appas attache ta constance,
A tes desirs livre-toi tout entier :
          Douces caresses,
          Vives tendresses,
          Font le bonheur,
       En dépit du Seigneur.

M O R A L I T É.

Qui ne sait pas que plus d'un chrétien glose
Sur Eve, Adam et sa postérité ?
Trouvant fort gai que l'Enfer ait pour cause
Un mouvement de curiosité,
          Pour moi, docile
          A l'évangile,
          Je me soumets,
       Et ne doute jamais.

JOSEPH et PUTIPHAR.

Cantique tiré du chap. 39 de la Genese. 1764.

AIR : *Un Chanoine de l'Auxerrois.*

Causons aujourd'hui de JOSEPH,

Non de celui-là dont le chef,
  Par le fait de Marie,
Ne se trouva point à l'abri
De ce que craint tant un mari
  Frappé de jalousie ;
Mais du ministre de renom
Qui chez un petit Pharaon
Gouverna tout, quinze ans environ,
  Tout à sa fantaisie.

Je dirai qu'il paroît constant
Que tout le monde fut content
  Pendant son ministere ;
Preuve qu'il ne ressembla pas
Au plus fieffé des scélérats,
  Phelippeaux la Vrilliere,
    Qui pour plaire
  A la Sabatin,
  A la Sabatin
    Sa catin,
Eut fait ce soir, plutôt que demain,
  Embastillé son pere.

Encore que bon compagnon,
Joseph eut, le gentil mignon,
  L'air à la friandise,

A tous ses devoirs attaché,
Jamais ne lui fut reproché
          péché
     de convoitise.
Mais il lui coûta, parbleu ! bon
D'avoir été si beau garçon :
Et c'est, messieurs, ce qu'en ma chanson
     Il faut que je vous dise.

Ses freres, et par grace encor,
Le vendirent, pour un peu d'or,
     A des Ismaëlites,
Fripiers, traitans fort décriés,
Pour leur commerce associés
     A des Madianites,
Gens ensemble bien alliés :
     De retour du Caire
          Au Bazar,
Le jour d'après, avec Putiphar
     Ils en firent affaire.

Mon enfant, lui dit son patron,
Prends de mes biens, de ma maison
     La suprême intendance :
Veille sur mes nombreux troupeaux;
Je te donne sur tes égaux

Une entiere puissance.
Ou ta mine tromperoit fort,
Ou lorsque j'adoucis ton sort,
Tu n'auras pas envers moi le tort
De trahir ma confiance.

Joseph s'étoit concilié
L'estime, et même l'amitié
  Du général son maitre,
Lequel, eunuque marié,
Avoit perdu plus de moitié,
  Les trois quarts de son être :
Aussi son esclave charmant
Au cœur de madame, vraiment !
    Incessamment
    Fait innocemment
    Tendre sentiment
      naître.

Ce sentiment développé,
A son but a bientôt frappé ;
  Joseph n'y songe guere :
Las ! il n'y songeoit point du tout.
Ce bon serviteur n'a qu'un goût,
  Qu'aux autres il préfere ;
Ce goût, c'est de tout son pouvoir

De satisfaire
A son devoir,
Mettant sa joie et son seul espoir
Dans la vertu sévère.

Mais Madame pense autrement;
Madame en son appartement
A tout moment
Le mande :
Il vient, on commence un discours;
On s'interrompt, et c'est toujours,
Toujours même demande.
Madame ne commande
rien ;
Elle implore
Un souverain bien.
Comme des yeux, comme du maintien
Madame le dévore !

Ah ! mes efforts sont superflus!
Mon cher JOSEPH, je n'y tiens plus,
Dit enfin sa maîtresse :
Sois, sois sensible à mon amour;
Cher amant, de quelque retour
Paye aussi ma tendresse.
Viens te mettre au lit avec moi :

On

On n'en sçaura rien, sur ma foi !
    Viens, petit roi ;
    Je ressens pour toi
La plus brûlante ivresse. —

Ah ! Madame, que dites-vous !
N'avez-vous donc pas pour époux
    Un mari qui vous aime ?
Moi, madame, je jouirois
    De vos attraits !
    Moi, moi, j'aurois
Cette insolence extrême !
PUTIPHAR je cocufierois !
    Si pareille audace
    J'avois,
Cent et cent fois je mériterois
    D'être empalé sur place. —

Mon amour seroit rebuté !
Parle ; t'auroit-on amputé,
    Ainsi que mon pauvre homme ?
Barbe noire orne ton menton,
Et pour l'Hercule du canton,
    JOSEPH, on te renomme :
Sur tes jambes bien affermi, ...
Non, tu n'es pas homme à demi.

PART. II.

Approche donc, ô mon doux ami ;
　　Sur mon sein prends la pomme.

　　Et madame, cela disant,
　　　　Va l'embrassant,
　　　　Le caressant,
　　Des pieds jusqu'à la tête.
　Lui, de la main la repoussant,
　Et pour s'éloigner agissant,
　　(Procédé malhonnête,
　Que femme ayant quelques appas,
　Comme on sait, ne pardonne pas ;)
　La Putiphar, sortant de ses draps,
　　Par son manteau l'arrête. ——

　De moi vous n'aurez que cela,
　Dit-il ; et puis la laissant là,
　　Il s'éloigne bien vìte.
　Par des prieres, des hélas,
　A revenir entre ses bras
　　La friande l'invite.
　Il falloit le voir enjamber !
　Plus sûr est de se dérober,
Lorsqu'on a peur, peur de succomber
　　Au goût qui sollicite.

Sans pudeur , sans précaution ,
Toute entiere à sa passion ,
   Elle pleure , elle prie ;
Mais son espoir étant perdu ,
Madame , l'esprit éperdu ,
   En furieuse crie
Qu'un vil , infâme suborneur ,
En attentant à son honneur ,
Vient de couvrir son maître et seigneur
   De honte et d'infamie.

Mons Putiphar n'étoit pas loin.
Il arrive avec maint témoin
   Aux éclats de sa femme :
Il la trouve au lit , sans couleur ,
Et suffoquant dans sa douleur. ——
   Qu'avez-vous donc , Madame ? ——
Joseph imprime à votre front
   Le plus impardonnable
     Affront.
Ah ! qu'envers-moi , cela me confond ,
   Sa conduite est coupable !

Brûlé d'un impudique feu ,
   O pénible aveu !
   Cet Hébreu ,

Qu'aucun respect ne touche,
Comment le croire! ce valet.
Avec moi l'indigne vouloit
Partager votre couche!
Triste, affligeante vérité!
J'ai, confuse,
J'ai tout tenté:
Ce vêtement dans mes mains resté,
Suffisamment l'accuse.

L'adroite friponne se tut.
A Putiphar quoiqu'elle fut
Tout-à-fait inutile,
N'étant que de nom son époux,
Son faux récit le rend jaloux,
Excite, émeut sa bile.
Joseph, ô comble des revers!
Sans l'entendre,
Chargé de fers,
Est mis soudain avec les pervers,
Les coquins qu'on doit pendre.

Ah! n'appréhendez rien pour lui.
Jehova sera son appui;
Il prendra sa défense:
Joseph dans sa noire prison,

A Dieu soumettant sa raison,
  Conserve l'espérance.
Si du jour il se voit privé,
  Bientôt aux honneurs réservé,
Par Pharaon il est élevé
  A la toute-puissance.

M O R A L I T É.

Vous tous, ô vous qui m'écoutez,
Chrétiens à la vertu portés,
  Et vous, femmes chrétiennes;
Avec simplicité, candeur,
Matin et soir, à la pudeur
  Dites quelques antiennes.
Elle est le charme des plaisirs;
    Augmente,
  Ou donne des desirs:
Qu'ils sont charmans les tendres soupirs
  D'une jeune innocente!

Il nous semble que dans ce cantique et le précédent, dont la marquise n'a composé, en entier, que les huit derniers couplets, et retouché les autres, annonçoit déjà un avant goût de piété et des choses saintes qui, plus déterminé, a fait le bonheur de ses derniers jours, par l'espérance des vrais plaisirs, des plaisirs célestes dont elle jouit actuellement, et que je vous souhaite, amis chanteurs.

ONAN,

Cantique pieux, en pot-pourri, avec prologue et épilogue, pour la solemnité de la Purification de la bienheureuse MARIE, mere et toujours vierge, par un vicaire de la paroisse S. CUCUFA, de Notre Dame de Laurette. 1768.

De l'égoïste ONAN la honteuse aventure,
Ira, de bouche en bouche, à la race future.

PROLOGUE.

AIR : *Chere Annette, reçois l'hommage.*

Vous avez tous des droits au zele,
Aux talens de votre
Vous en avez, troupe fidelle,
Aux fruits de grace et de salut.
Animé d'une foi sincere,
Je les cueille pour votre bien :
J'en compose un suc salutaire,
Dont peut se nourrir tout chrétien.

Air : *Du Vaudeville de Figaro.*

Je veux, mon cher auditoire,
Puiser mon texte en bon lieu :
Prenons un fait dans l'histoire
Du peuple choisi de Dieu.
Là, tout est pur et notoire ;
Car ce livre fut écrit
Jadis par le Saint-Esprit.

Histoire D'ONAN ; récitatif.

Air : *Du serein qui te fait envie.*

Sans tarder, entrons en matiere ;
Parlons d'ONAN, fils de Juda,
Rebut de la nature entiere,
Que Dieu maudit, et fit bien, da !
Car si de ces gens, nés pour l'ombre,
Ayant tel goût, vilain défaut,
Par malheur ! naissoit un grand nombre,
Le monde finiroit bientôt.

Air : *Jusque dans la moindre chose.*

Tu connois l'usage antique,
ONAN, lui dit son papa,

Qui parmi nous se pratique,
Comme au Monomotapa.
Tu ne saurois t'y soustraire ;
C'est ton obligation :
ONAN, suscite à ton frere
Une génération.

AIR : *Roulant ma brouette.*

Si je ne m'abuse,
  Ces termes sont clairs :
  Dis, dis tous, ma muse,
  Mais à mots couverts :
  Telle est la conduite,
  Crainte d'ennuyer,
  Que tint le jésuite
Isaac Berruyer.

AIR : *Mon honneur dit.*

De la Thamar, ONAN fait son épouse,
Pour n'exciter le paternel courroux :
Juda pourtant dans son compte se blouse.
Comment ? pourquoi ? me demandez-vous
                        tous.
Dam ! c'est qu'ONAN ne se soucioit guere,

(Lors on pensoit comme on pense en ce
                                   tems ;)
D'avoir des fils, dont un mort seroit père,
Et n'être, lui, qu'oncle de ses enfans.

AIR : *Avec une épouse chérie.*

Brillante encor de tous les charmes
Du jeune âge et de la beauté ;
Belle à faire rendre les armes
Au mortel le plus indompté,
Thamar à son sort résignée,
Avec des desirs vifs et doux,
Se vit par la loi destinée
Au lit de son nouvel époux.

AIR : *Vous me grondez.*

Car selon certaine chronique,
Qu'on peut croire, ou ne croire pas,
Her, ne trouvoit de vrais appas
Qu'au plaisir dit anti-physique.
Or, des femmes, du tout, du tout,
C'en est là l'ordinaire goût.

AIR : *Tandis que tout sommeille.*

Pareille fantaisie
S'excuse, par Jésus !

Une fois, mais sans plus,
Une fois dans la vie ;
Car une fois
N'est rien, je crois :
La première, quoiqu'on en gronde,
Peut passer pour une gaîté,
Une ivresse de volupté ;
Un goût de curiosité :
D'un bougre est la seconde.

AIR : *M. le Prévôt des Marchands.*

C'est ainsi que l'a décidé
Un homme de Dieu possédé ;
Ce jugement est de principe :
Il fut à Paris autrefois
Porté, rendu contre Philippe,
Par le saint cardinal du Bois.

AIR : *Adieu paniers, vendanges.*

Mais revenons à l'épousée.
A l'autel Onan la conduit :
On danse jusques à minuit ;
D'amour Thamar est embrâsée.

Même air.

La fleur, faute d'être arrosée,

Bientôt se desseche, languit,
Qui, plus belle, se reproduit,
Grace à la céleste rosée.

AIR : *L'amitié seule te séduit.*

Thamar ressemble à cette fleur.
Avec ONAN la voilà donc couchée ;
Mais pour elle, ô nouveau malheur !
Elle n'en est point approchée.
Pas un baiser d'amour ;
Pas un mot de retour :
Thamar soupire, et cheme dans l'attente,
Et n'est pas.... et n'est pas contente.

Même air.

Parle : Qu'est-ce qui te séduit ?
Ah ! parle-moi, dit la Phénicienne.
Comment aimes-tu le déduit ?
Ta maniere sera la mienne.
Mon époux ! cher ONAN !
Donne-moi du nanan :
Il m'est permis de m'en montrer friande ;
Je suis jeune, j'aime, je bande.

AIR : *Je suis un pauvre maréchal.*

Discours perdus. ONAN est sourd.

Il ne fut pourtant rester court,
S'il eût voulu, par des tendresses,
Aux propos les plus séduisans,
Laissant parler, agir ses sens,
Répondre aux plus vives caresses.
        Pique en main,
        Le vilain
        Va son train :
        En silence,
A terre il jette sa semence.

AIR : *Des Pendus.*

Ah ! dit Thamar, cette action
Mériteroit punition.
Quoi ! quoi ! tu te branles, viédaze,
Au lieu de verser dans le vase,
Dans le vase d'élection
Cette douce libation !

AIR : *Du Vaudeville de Figaro.*

N'as-tu pas lu l'Onanisme
De l'Hypocrate Tissot ?
Là, point de charlatanisme,
Ni de tour de maître sot.
Dans son vertueux cynisme
Comme tonne ce docteur
Contre tout masturbateur !

AIR

AIR : *O Mahomet !*

Le sot ONAN reste dans sa démence,
De repentir aucunement touché :
Le jour, la nuit, le drôle recommence,
Et se complait dans son triste péché.
Cynique au moins autant que Diogène,
Frustrant Thamar du plus beau de ses droits,
C'est à ses yeux que, sans honte et sans gêne,
Comme de femme, il use de ses doits.

AIR *Du Vaudeville de Tomes-Jones.*

Voilà Thamar joliment régalée !
  On la pousse aussi trop à bout :
Par Her, le traître, elle fut enculée ;
  ONAN se branle, et voilà tout.
Elle est chagrine ; elle souffre ; elle pleure ;
  Chagrins et larmes superflus :
  Cette tendre épouse, à toute heure,
  Reçoit d'humilians refus.

AIR *Du Vaudeville d'Epicure.*

De qui ? d'ONAN. Ordres, prieres ;
Rien ne peut le faire changer.
Chacun, dit-il, a ses manieres :

PART. II.   13

Dans ma main j'aime à décharger.
Mais il n'en eût pas longue joie ;
Justice arrive tôt ou tard :
Le Seigneur à notre homme envoie
La mort qui le mit à l'écart.

ÉPILOGUE.

AIR : *J'aime bien mieux, quoi qu'on en dise,*
deux créanciers qu'un médecin.

Je vous ai, d'après la Genèse,
Fait ce récit édifiant ;
Vous avez tous, et j'en suis aise,
Foi robuste, esprit confiant.
Mes chers freres, à Dieu ne plaise !
Que je vous en blâme jamais ;
J'eus toujours de ce diocese
A cœur les chrétiens intérêts.

AIR : *Faut attendre avec patience.*

Des suites de maints adulteres,
Incestes, fornications,
Et d'autres semblables miseres,
Naquit le Dieu des nations.
Thamar, Rahab, Ruth, Betsabée,
Furent ses ayeules, vraiment !

En tout ceci l'ame absorbée
Doit croire, et croire aveuglément.

AIR : *Tout consiste dans la maniere.*

A penser que c'est un mystere,
Pour moi je suis assez porté :
Car je ne saurois vous le taire ;
J'y trouve un peu d'obscurité.
Qu'est-ce, hélas ! que notre prudence,
　　Qu'un rien confond ?
Le dessein de la providence
　　Est si profond !

AIR : *De tous les Capucins du monde.*

Loin de nous ces célibataires,
Qui, des voluptés solitaires
Vantent tant l'usage et le fruit !
Voici comme plus d'un raisonne :
« Il n'est de mal que ce qui nuit ;
» Je ne nuis jamais à personne.

AIR : *Je suis né natif de Ferrare.*

» J'agite ma tige grandie,
» Et de la sève de la vie
» Ma main hâte, arrête le cours :

» Je fais, à mon gré, mes beaux jours.
» Par aimable et sage imposture,
» Ainsi de la riche nature,
» Moi, je vais le but négligeant :
» Oui, mais je gagne mon argent.

AIR : *Ah ! que je fus bien inspirée.*

» Lisez le chantre de la Grece,
» Vous dira-t-on une autre fois ;
» Pour une infidelle maîtresse
» Coule à grands flots le sang des rois.
» Ménélas gardoit son Hélene,
» Si Pàris m'avoit ressemblé ;
» On n'égorgeoit point Polixene ;
» Illion n'auroit pas brûlé ».

AIR : *La foi que vous m'avez promise.*

Ah ! tout cela n'est que sophisme,
Et raisonnement captieux,
Absurde systême, Moïsme,
Non moins coupable qu'odieux.
Il nous est, par la sainte Bible,
Ordonné de multiplier :
Faisons-y tout notre possible ;
Ayons la foi du charbonnier.

SUSANNE et les deux Vieillards,

Cantique en pot-pourri. 1761.

AIR : *Des Trembleurs.*

D'un ton gai, qu'on dit profane,
Voltaire a célébré Jeanne;
Mais qu'est ce qui le condamne?
D'hypocrites égrillards.
Ma muse joyeuse et pure,
D'après la sainte écriture,
Va vous conter l'aventure
De SUSANNE et des vieillards.

AIR : *Dans un amoureux mystere.*

Non dans le style énergique
Du bonhomme Ézéchiel,
Ce poëte prophétique
Qui, pour la gloire du ciel,
    Plein de franchise,
De colere et d'un saint fiel,
    Rien ne déguise.

AIR : *On connoît l'amiral Anson.*

Lisez son chapitre vingt - trois :
Vous verrez là les beaux exploits
De deux sœurs, oh ! quelles commeres !
Se livrant sans aucuns mysteres,
Se livrant dans les carrefours
Aux embrassemens des amours,
Et sans pudeur , découvrant la fontaine
Et les alentours
Qu'on voit tout au bas de la bedaine.

AIR : *Il n'est qu'un pas du mal au bien.*

Dans ce siecle d'impureté,
Singulier, bizarre contraste !
Plus le cœur se gâte , est gâté,
Et plus l'oreille devient chaste.
Il faut voiler les nudités ;
Le voile ajoute à leurs beautés.

AIR : *Sainte modeste.*

Le ton modeste
Convient à ma chanson :
Du chant céleste
Je prendrai l'unisson.

Que le jeune garçon,
Encore pudibond,
Ici, sans crainte, reste ;
Ecoutez ma chanson,
　　Vierge modeste.

Air : *Du Confiteor.*

Joakim, un chacun sait ça,
D'abord colporteur de lunettes,
Mais devenu riche, épousa
La plus mignarde des brunettes,
Laquelle, intacte en son honneur,
Vivoit dans l'amour du Seigneur.

Air : *Une jeune Nonette en s'éveillant.*

Car HELCIAS, son pere,
　De grand renom,
Et madame sa mere,
　Femme sans nom,
　　De Moyse
　Sachant la loi,
Et remplis de foi,
　L'avoient apprise
　A leur poupon,
Qu'on appelloit SUSON,

AIR : *Du Vaudeville d'Epicure.*

Ou SUSANNE ; c'est tout de même ;
Ces deux noms sont par-tout écrits.
Joakim , que vraiment elle aime ,
   (Il est quelques maris
      Chéris ;)
Dans le beau quartier de la ville
Possédoit un superbe hôtel ,
Comme dans Paris , entre mille ,
Ou n'en trouveroit pas un tel.

AIR : *Nous voyageons par-tout le monde.*

Jardin comme les Tuileries ,
   Grand potager ;
Des serres , deux orangeries ,
   Parc et verger ;
Là , la duchesse et le berger ,
   Pauvre malade ;
Voire même tout étranger ,
   Faisoit sa promenade.

AIR : *M. le Prévôt des Marchands.*

Voilà qu'un jour du mois de Juin ,
   De prendre un bain ,
   Dans son jardin ,

Vient à Suson la fantaisie.
Se baigner est très-usité
Dans beaucoup d'endroits de l'Asie,
Et nécessaire à la santé.

AIR : *L'Amour s'est fait cher ma mie.*

C'étoit l'heure où tout le monde
Pour dîner se retiroit :
Dans un lieu couvert, discret,
SUSANNE entre au sein de l'onde.
Avec elle Berthe étoit,
Sa fille de toilette,
Qui dans le bain la lavoit,
Ou donnoit la serviette.

AIR : *Je veux le mot pour rire.*

Là, deux vieillards en tapinois
Regardoient son joli minois
Tout de lys et de roses ;
Ses beaux bras, son flexible cou,
Ses tétons qui vousrendroient fou ;
Et son cul mou,
Mou comme un clou,
Et de plus belles choses.

AIR : *La, pour oublier son chagrin.*

SUSANNE ne leur cachoit pas,

S'imaginant être seulette,
Ses plus desirables appas,
Des amours aimable retraite :
Aussi ces vieillards scélérats,
Joyeux, contens, disoient tout bas :

 AIR : *A boire, à boire, à boire !*

O quelle douce flamme !
De plaisir je me pâme !
Charmes puissans,
Si ravissans,
Je sens
Que je n'ai que vingt ans !

AIR : *Mon honneur dit que je serois coupable.*

Moitié d'une heure au bain resta SUSANNE,
Et puis à Berthe elle dit : donnez-moi
Ma pâte à l'ambre et mon eau de Sultane.
Berthe au moment ne les a pas sur soi.
Va les chercher ; ferme sur toi la porte :
Reviens bien vîte. Aussitôt Berthe part.
Mes deux coquins, qu'infâme ardeur trans-
       porte,
Devant SUSON se montrent sans retard.—

  Même air.
Le temps est court ; il faut nous satisfaire.

Nous sommes vieux ; mais grace à vos attraits,
Vous le voyez, nous avons de quoi plaire,
Lui dirent-ils, s'approchant de plus près.
Si vous tardez, par-tout nous allons dire,
Comme fait sûr, que nous avons surpris
Un jeune gard dans l'amoureux délire,
Vous festoyant, de vos charmes épris.

AIR : *De tous les Capucins du monde.*

Dieu ! reprit Suson, quel langage,
Messieurs, pour des gens de votre âge,
Et des hommes de votre état !
Vous, dont je tenois si grand compte,
Qui ! vous ! les premiers du Sénat !
Vous voulez me couvrir de honte ? —

AIR : *M. le Prévôt des Marchands.*

La mort, ou vos faveurs : optez. —
Péril égal des deux côtés !
Car la mort sera mon partage,
Encor que j'écoute vos vœux ;
Et c'est la mort que j'envisage,
Si je ne vous rends pas heureux.

AIR : *Triste raison, j'abjure ton empire.*

Mais il vaut mieux, et j'y suis décidée,

Me refuser à votre amour brutal,
Que, devant Dieu, quelle affligante idée!
Que, devant Dieu, commettre un si grand
mal. ——

AIR : *Des simples jeux de son enfance.*

Réfléchissez-y bien, la belle :
Est-ce là votre dernier mot?
A tout je me résouds, dit-elle ;
Exécutez votre complot.
Et mes vieilles faces barbues
S'acheminent au Sanhedrin,
Et, tout en passant dans les rues,
Veulent qu'on sonne le tocsin.

AIR : *Avec les jeux dans le village.*

Pour justifier sa conduite,
Le cœur ému, l'esprit troublé,
SUSANNE est à l'instant traduite
Devant le peuple rassemblé :
Mais sa pudeur non mensongere
Ajoute tant à sa beauté,
Que du péché de l'adultere
Chaque assistant se sent tenté,
Et s'enflamme de volupté.

AIR :

AIR : *Faut attendre avec patience.*

SUSANNE qu'on croyoit si sage,
Disent ses vils accusateurs,
Qui de vertu fait étalage,
Affectoit des dehors menteurs.
Nous venons de voir la poulette,
Nous l'affirmons avec serment,
Qui s'abandonnoit sur l'herbette
Aux caresses d'un tendre amant.

AIR : *En jupon court, en blanc corset.*

Le beau blondin a pris le large :
Voilà SUSANNE ; c'est assez.
Faites maintenant votre charge :
Vous savez la loi ; prononcez.

AIR : *Ah ! bravo, caro Calpigi.*

Non ; de SUSANNE l'innocence,
Dont ils ont pleine connoissance,
Remords, rien ne les arrêta ;
Poveretta ! Poveretta !
Sans être qu'à peine entendue,
Sentence de mort est rendue :
Aux voix on vient de décider
Qu'il la faut soudain lapider.

Air : *Offrons-lui ces festons de roses.*

On la conduisoit au supplice ;
Mais Daniel crie à l'injustice :
Or il faut savoir que Daniel,
Quoiqu'enfant encore aux écoles
N'est un esprit superficiel ;
La sagesse est dans ses paroles.

Air : *De Joconde.*

Ah ! dit-il, peuple d'Israël,
    Insensés que vous êtes,
Quel arrêt injuste et cruel !
    Eh ! qu'est-ce que vous faites ?
O tribunal d'iniquité !
    Rend-t-on ainsi sentence,
Sans discerner la vérité,
    Et contre l'évidence ?

Air : *Ne vlà t'il pas que j'aime.*

Non, SUSANNE n'a point forfait ;
    Sa pudeur est intacte :
Je dois vous attester ce fait ;
    Car la chose est exacte.
Air : *En s'éveillant de grand matin.*
Je vais vous le prouver d'abord ;

Ce ne sera pas difficile :
Et pour savoir d'où vient le tort,
Il ne faut être fort habile.
Qu'on sépare ces deux bouquins ;
Ils ont des mines de coquins.
Ou je me trompe, ou mes vilains,
  Quoique d'âge débile,
  Ont eu des desseins.

Air : *O mes amours , belle Lisette.*

Au premier vieillard il demande,
Le drôle est pris au dépourvu,
Sous quel arbre avez-vous donc vu
Suson, de cela si friande ? ——
Sous un Lantisque. Et le second
    Répond
  A la même demande :
  Ils étoient à couvert
  Dessous un Chêne vert.

Air : *La plus aimable chansonnette.*

Chacun de crier : les infâmes !
Juges pervers ! ô quelles ames !
Ce couple odieux arrêté,
Est mis aux fers, est garoté ;
Puis comme il faut on le semonce ,

Et tout d'une voix on prononce
Contre son indigne action
La juste loi du talion.

AIR : *Je suis Lindor.*

Au lieu marqué, conduits par une escorte,
Ces sacripans, dans le crime vieillis,
Tombent bientôt, de pierres assaillis :
Les voilà morts ; le diable les emporte !

AIR : *Babet, que t'es gentille !*

En pompe, avec grand bruit
De tambour et trompette,
Chez elle on reconduit
L'innocente SUSETTE.
Papa lui disoit,
Maman répétoit :
Sur ton front l'honneur brille.
O vrai miroir de pureté,
Ton éclatante chasteté
Egale ta rare beauté !
Gloire de ta famille,
SUSON, que t'es gentille !

M O R A L I T É.

AIR *Du Menuet d'Exaudet.*

Au printemps,

Dans le temps
Où les roses,
Dont les folàtres amours
Embélissent nos jours,
Pour nous brillent écloses;
Cueillons-les
Ces bouquets
Chers à Flore;
Car l'aurore
Sans cesse nous dit à tous:
Ces fleurs pour vous
Viennent d'éclore;
Un seul jour les décolore:
Tardez-vous une heure encore?
Ces boutons,
Ces festons,
Ces guirlandes,
Sur les autels de Vénus
Ne pourront plus
Servir d'offrandes.
Un amant
Est charmant
Au bel âge;
Mais les graces ont toujours
Des vieillards froids et lourds

Craint l'offensant hommage.
Tout de bon,
O Barbon
Chatemite,
Certain adage te dit :
Vieux, le diable se fit
Hermite.

PRÉFACE.

IL y a plus de vingt ans que j'ai fait ce cantique. J'oubliai, en le composant, de mettre au-dessus de chaque couplet, l'air sur lequel je parodiai. Qu'est-il arrivé de cet oubli ? que ma mémoire, après un laps de temps très-considérable, s'est trouvée en défaut, et que j'ai été obligé de substituer, tant bien que mal, de nouveaux chants auxquels il m'a fallu adapter mes paroles. Je ne me suis pas rappellé des airs pour tous les couplets, c'est pour-

quoi j'invite à une nouvelle recher-
che, à cet égard, les personnes qui
chantent et qui s'exercent à la com-
position musicale.

***

Cantique de JUDITH,

En Pot-pourri. 1759.

AIR : *Mon honneur dit que je serois coupable.*

Vous savez tous que ma noblesse antique
Se prouve, amis, sans d'Hozier ni Cherin :
Certe mon nom dans tout cœur catholique
Est mieux gravé que sur marbre et l'airain.
Le célébrer est un goût qui me tente,
Et je m'y livre, en invoquant Favart :
Je vais chanter celle qui fut ma tante,
JUDITH la Juive, un enfant de Menard.

AIR *Du Menuet d'Exaudet.*

Que d'attraits !
Je voudrois
Vous les peindre :
Traits pour traits
Je vous ferois

Un des beaux portraits,
Mais
Le manquer est à craindre.
Ajoutez
Cent beautés,
Mille encore :
Vainement pour vos couleurs,
Prendriez-vous des fleurs
A Flore.
L'un reconnoîtroit l'Aurore;
Tel Diane ou Terpsichore,
Ou Junon,
Ou Ninon :
Onc mortelle
Jamais, ni divinité
Ne fut, en vérité !
Si belle.
Maint talent;
Excellent
Caractere;
Grace, esprit, savoir et goût,
JUDITH vraiment eut tout
Pour charmer et pour plaire :
Et l'on lit
Dans l'écrit

De Dieu même,
Qu'aussitôt qu'on la voyoit,
Jeune ou vieux s'écrioit :
Je l'aime !

AIR *Du Cantique de Saint-Roch.*

Le souvenir rappelle Bethulie,
Alors qu'on pense à l'aimable JUDITH :
En cette ville elle fut établie ;
C'est un fait sûr, car la Bible le dit.
En mariage,
Quand elle eut l'âge,
A son cousin
Elle donna sa main,

AIR : *Je suis Lindor.*

Son cœur aussi ; du moins je le soupçonne :
Voici sur quoi. Son époux Manassé,
Etant, hélas ! subito trépassé,
Elle encor jeune, aux regrets s'abandonne.

AIR : *Madelaine à bon droit passa.*

Depuis trois et même quatre ans,
Elle vivoit en sainte veuve :
Elle avoit sçu dompter ses sens ;
Son veuvage en faisoit bien preuve,

Et fuyoit, chaste en ses desirs,
Tous vilains et sales plaisirs.

AIR : *Du petit chose de satin rose.*

En ce temps là, j'imite ici le style
Des écrivains, auteurs de l'évangile;
En ce temps là le roi des rois vauriens,
Le fléau de la terre,
Faisoit la guerre
Aux Béthuliens.

AIR : *Des Pierrots.*

Le général le plus habile
Du fier Nabuchodonosor,
Holoferne assiége leur ville;
La famine l'assiége encor :
Ozias, avec tout son monde,
Doit se rendre dans quelques jours,
Si Jehova ne le seconde ;
Dans le Ciel est son seul recours.

AIR : *Vous le voulez, on vous le donne
le nom de fidele berger.*

Ma parente,
Très-pénitente,
Apprend cette convention,

Convention bien affligeante
Pour elle et pour sa nation.
Elle y réfléchit, elle y pense,
S'agenouille dans le saint lieu ;
Interroge sa conscience,
Et redouble d'amour en Dieu.

AIR : *A peine ai-je quitté l'enfance,*
     que nos bergers me font la cour.

    Vu sa sagesse,
    Et sa richesse ;
Car l'une à l'autre ne nuit pas,
    Et la jeunesse
    Et la vieillesse
De JUDITH faisoient un grand cas.
Mandant, en toute diligence,
Deux sages, dont je tais les noms,
    Elle les tance
    D'importance,
Ainsi que de petits garçons.

AIR : *Finis ta poursuite obstinée ;*
    je ne suis pas faite pour toi.

Comment ! qu'est-ce donc ? leur dit-elle.
Dans cinq jours vous livrez vos biens,
Et la ville et la citadelle,

Et nous tous, aux Assyriens?
A cela certe je m'oppose.
Dieu n'est-il donc plus votre appui?
L'homme propose ;
Dieu dispose,
Et mon espoir repose
En lui.

Air :

Ne comptons que peu sur nos armes,
Mais beaucoup, beaucoup sur nos larmes.
Que le ciel par nous soit prié,
Mais d'un cœur contrit et sincere :
Vous verrez ce que je sais faire,
Et si je me mouche du pié.

Air : *Malbrouk s'en va t'en guerre.*

A ce mâle langage,
La frayeur s'enfuit, le courage
Paroît sur le visage
De tous les assistans ;
Ils sont presque contens :
Des exploits éclatans
Par chacun se présage ;
Par serment on s'engage
A rendre un pur hommage
Au Dieu de tous les temps.

Sur

Sur un air *des Chœurs d'Esther.*

Tout convenu, l'on se retire ;
Et la servante du Seigneur,
Pleine de l'esprit qui l'inspire,
Dit de bouche et du fond du cœur :
Toi qui dans les mains de mon pere
Mit tes armes pour le venger
    De l'étranger
    Violeur et sicaire ;
Jevoha ! dont le nom est par-tout répandu ;
Jevoha ! que de toi mon vœu soit entendu !
  Que de Merari la fille qui t'implore,
    Puisse, avant la cinquieme aurore,
    Forte de ta seule vertu,
Voir par son foible bras Holopherne abattu.

  Air : *La jeune Iris, la fleur de ces*
      campagnes.

Ce vœu formé, Judith de sa sonnette
Prend le cordon, et le tire trois fois :
Justine arrive, et l'adroite soubrette
Donne un air triste à son joli minois. ——

De la gaité ! vîte qu'on me prépare,
Lui dit Judith, mes habits de gala :

Part. II.   15

A l'instant même il faut que je me pare :
J'ai mes desseins ; tu sauras tout cela.

De lait ambré l'on remplit sa baignoire ,
Sa peau plus douce augmente de fraîcheur :
C'est au toucher du marbre et de l'ivoire ;
Regardez-là ; le lys à sa blancheur.

Du haut en bas
Elle fait toilette
Complette ;
Du haut en bas ,
A neuf remettant ses appas.
La voilà saintement coquette ,
Sentant bon , et par-tout proprette
Du haut en bas.

AIR : *Du Vaudeville d'Epicure.*

Le coëffeur vient , et sur sa tête
Arrange ses beaux cheveux blonds :
Il faut assurer sa conquête ;
A JUDITH tous moyens sont bons.
Elle serre sa gorge ronde
Dans un corsage de linon ,
Laquelle pardessus redonde ,
Comme pour forcer sa prison.

Air : *Jusque dans la moindre chose.*

Une robe de dentelle,
Ou plutôt un Caraco,
De Point vraiment de Bruxelle,
Et d'un dessin tout nouveau,
Sans les cacher, drape, couvre
Les charmes de son beau corps :
Vif desir souleve, entr'ouvre
Voiles mis sur tels trésors.

Air : *Et rli et rlan rlantanplan.*

Point n'oublia ses pierreries,
Ses agraffes d'acier anglois,
Ni ses bagues d'or enrichies,
Ses colliers, ni ses brasselets.
Près de son corset une rose
S'éleve et badine avec art :
Airs au miroir on se compose ;
On met son rouge, et puis l'on part.

Air : *De tous les Capucins du monde.*

Judith va marchant devant elle ;
Mais bientôt une sentinelle
Lui crie : arrête ! qui va là ?
A votre chef qu'on me conduise,

Répond la belle en falbala ;
Devant le chef elle est admise.
AIR : *M. le Prévôt des Marchands.*
O le plus grand des généraux,
Daignez compatir à mes maux !
De noirs complots triste victime,
Et tremblante encore d'effroi,
Sachez que l'on m'impute à crime
D'avoir parlé pour votre Roi.

  AIR : *Dans ma cabanne obscure.*
  Je suis de Bethulie ;
  Je ne le cache pas :
  Là, comme ailleurs, la lie
  Des grands, des magistrats,
  Gens de sac et de corde,
  D'un unanime accord,
  A, sans miséricorde,
  Décidé votre mort.
  AIR : *Doucement tourmentée*
  de ses quinze ou seize ans.
  Ce forfait que j'abhorre,
  Je n'y veux point tremper :
  Y penser déshonore ;
  Pourquoi ruser, tromper ?
  On me déclare infâme,

Ainsi qu'une catin :
Vainement je réclame ;
On me chasse soudain.

AIR :

Cheminant dans la nuit obscure,
(Femme seule est dans l'embarras :)
J'allois errant à l'aventure ,
Craignant , évitant vos soldats ;
Mais illustre et brave Satrape ,
Un d'eux , que je fuyois , m'attrape.

AIR : *Du petit chose de satin rose.*

Si devant vous
Je ne puis trouver grace ,
Nous mettant tous
Dans une même classe ,
Je me résigne à cet événement :
Ordonnez mon supplice ;
Que je périsse ,
Mais promptement.

AIR : *Un jour Guillot trouva Lisette.*

Holopherne , franc militaire ,
N'a nul soupçon
De trahison ;
Loyal guerrier　il croit sincere

Le récit de JUDITH-SINON.
Il l'accueille avec bonhomie ;
Et déja, sans autre façon,
Lui passe, en l'appellant sa mie,
La main par dessous le menton ———.

AIR : *Mon enfant, fais comme ton pere.*

Quelle femme seroit sévere
A guerrier aussi bien disant ?
Holopherne, votre art de plaire,
Est de tous le plus séduisant.
De mon cœur devenez le maître.
Vainqueur partout, comme aux combats,
Qui vous voit, vous entend, doit être
Ou dans vos fers, ou dans vos bras.

AIR : *Pour voir un peu comment ça fra.*

Si pourtant, sublime héros,
JUDITH, par sotte modestie,
A vos manieres, vos propos,
Ne se montre pas aguerrie,
Le temps, le goût, et cetera,
Des préjugés la guérira. ———
AIR :

Vous parlez comme un petit ange.
Oui, le temps, par qui tout s'arrange,

Mignone, nous le hâterons :
Dès aujourd'hui, si bon vous semble,
Nous souperons tous deux ensemble ;
Puis ensemble nous coucherons.

AIR : *Guillot près de sa Guillemette.*

Mons Vagao, dit Holopherne,
Pour ce soir je veux un repas
Superbe, fin, à la moderne ;
Qu'on ne serve que petits plats.
Du vin sur-tout en abondance ;
Du meilleur ; qu'il soit bien choisi :
Etalez ma magnificence
Comme aux voyages de Choisy.

AIR : *Du serin qui te fait envie.*

La table fut bientôt dressée
Sous un élégant pavillon,
Ou par l'art étoit retracée
Mainte frasque de Cupidon.
L'heure enfin de souper arrive :
Holopherne avoit invité
Plus d'un joyeux et bon convive,
Ses compagnons de volupté.

AIR : *Des simples jeux de son enfance.*

Dès l'abord, au premier service

On apporta du vrai Ségur,
Sans mélange, sans artifice,
Et chaque convive but pur;
Non pas JUDITH; car de sa tête
Elle a besoin, et de sa main;
Car elle attend de cette fête
Le succès de son grand dessein.

AIR : *Ah ! combien l'amour a de charmes.*

Tous les contes de la Fontaine
        Sont récités,
        Sont commentés;
Les couplets sur la Madeleine
        En chorus chantés,
                Répétés.
Flambeaux éclairoient cette orgie.
Les graces, le fripon d'amour
Préferent, dit-on, la bougie
A l'éclat brillant du grand jour.

AIR : *La foi que vous m'aviez promise.*

Le Bourgeois s'en donne à cœur joie.
Quel mangeur ! quel rude appétit !
Dans le vin du Cap il se noye :
Comme son œil devient petit !
Il boit razades sur razades.

De la reine de la beauté,
Allons, dit-il, chers camarades,
Portons ensemble la santé.

AIR : *La lumiere la plus pure.*

Mais des plaisirs de la couche
Holopherne impatient,
Bientôt à la fine mouche
Dit ivre et balbutiant :
O JUDITH, ma toute aimable,
Mes yeux lisent dans vos yeux
Que le lit vaut bien la table,
S'il ne vaut encore mieux.

AIR : *Avec les jeux dans le Village.*

A ces mots chacun se retire ;
Disons plus juste, est emporté.
Dieu ! quel moment ! JUDITH soupire ;
Son amant paroît transporté.
Il vous l'embrasse ; il vous la presse ;
Il la serre avec tant d'ardeur,
Que vraiment pareille tendresse
Peut inquiéter la pudeur.

AIR : *Chere Annette, reçois l'hommage.*

Ah ! dit JUDITH, sur une chaise
Le plaisir a peu d'agrémens ;

Mon bien aimé, l'on n'est à l'aise
Qu'entre seize aulnes de draps blancs.
Vous avez raison, repart l'autre ;
Je vais me mettre dans le lit.
Marmotant bas sa patenôtre,
Notre Juive tremble et pâlit.

Air : *Avec une épouse chérie.*

Il lui faut enfin s'y résoudre ;
Il lui faut aller se coucher ——.
Daigne, ô mon Dieu, daigne m'absoudre,
Si l'on me contraint à pécher.
Je m'y prête ; c'est pour ta gloire,
Et certe à mon corps défendant :
Mais mon vainqueur de sa victoire
Ne tàtera que d'une dent.

Air : *J'aime bien mieux, quoi qu'on en dise,*
    deux créanciers qu'un médecin.

Ardent, plus ardent qu'un satyre,
Il prend une cuisse, un téton ;
Badine, fourage, s'en tire
A merveille, quoiqu'à tàton :
Mais le sommeil le désarçonne ;
Il voudroit veiller, il s'endort.
Oh ! jamais femme ne pardonne,
Ne pardonne un semblable tort.

Air : *Faut attendre avec patience.*
Sa vengeance est là toute prête.
Elle apperçoit un long couteau ,
Le saisit , sans que rien l'arrête ;
Puis le tirant de son fourreau :
Meurs , dit-elle , meurs , Holopherne ,
Vilain rateur , triste matou ;
Va cuver ton vin dans l'Averne :
Et soudain lui coupe le cou.

 Air :
Cet exploit là n'est pas si mince.
Dans un sac enduit de goudron ,
Renfermant la tête qui grince ,
Judith fuit de chez le patron.
        La Garde
        Regarde
      Son sauf-conduit ;
On reconnoît la signature ,
Et le reste de l'aventure
Est couvert, pour un temps, des ombres de la
                              nuit.

 Air : *Ah ! que je fus bien inspirée.*
Elle arrive , et vîte elle cogne. ——
Qu'est-ce ? —— Ouvrez , ouvrez donc !
                              c'est moi :

Voyez un peu de ma besogne ;
Je tiens sa tête, par ma foi ! ——
De qui ? —— Du superbe Holopherne.
Ne craignez plus son ascendant :
Mais que l'on m'ouvre la poterne,
Pour arriver au commandant.

AIR : *Tout consiste dans la maniere*
et dans le goût.

Chacun se conte par la ville ,
Apprend qu'Holopherne a vécu ;
Qu'il a la tombe pour asyle ;
Que JUDITH seule l'a vaincu ;
Qu'il n'étoit pas si bonne lame
Qu'on le crut ;
Qu'il voulut
Fêter cette dame ,
Et ne le put.

RÉCITATIF à mettre en musique.

A ce bruit on s'anime , et toute crainte cede ;
La joie à la douleur dans tous les cœurs succede :
Les cloches sont en branle , et dans les carrefours
Des trois ordres unis il faut voir le concours.
Onse fait répéter cent fois cette nouvelle :

On

On demande Judith. Dieu ! ditl'un, qu'elle
                              est belle !
Sa bravoure, dit l'autre, égale ses attraits.
Elle parle ; on l'écoute. Adorons à jamais,
Adorons le très-haut, dont la force terrible
A par ma foible main renversé l'invincible.
Il n'insultera plus les enfans d'Isaac :
La preuve, la voici. Sa tête est dans ce sac.
Allez ; qu'on la suspende au haut de nos mu-
                              railles,
Et faisons-en hommage au grand Dieu des ba-
                              tailles.

> Air :
> Ce qu'elle ordonne, on l'exécute ;
> Et c'est le signal de la chûte
Des soldats d'Holopherne, exécrables bandits,
> De Dieu, pour leurs péchés, maudits.
> Air :
> Jugez de leur déconvenue,
>   Et s'ils furent surpris ;
> Quel trouble saisit leurs esprits ;
> S'ils poussèrent d'horribles cris,
>   Quand s'offrit à leur vue
>   La tête de leur chef
>   Décolorée,

Défigurée
    Par un triste méchef. ✶
        AIR :

poëme en 4 chants.

De ce long récit que conclure?
Qu'on ne peut éviter son sort;
Qu'en tous les cas la femme est **sure**
De triompher de l'homme fort;
Que Dieu n'accorde sa puissance,
        Son assistance
Qu'à ceux-là qui suivent ses loix,
Et dont sur-tout les COEURS sont **droits**.

Les Monosyllabes.

Mon cher Duc, qui de nous a de la foi? qui de nous croit au vrai Dieu, à son fils, à un tiers, à un Dieu, qui est un, qui n'est qu'un, mais qui est trois et qui n'en est pas moins un? ou sçait bien qu'un et un font deux, et un font trois; mais que trois ne font qu'un, ce n'est clair que pour ceux qui ont la foi.

Ce Dieu est de tous les temps, et du temps où il n'y a pas eu de temps; il n'est point né, il ne meurt point. C'est lui qui le dit. De plus il dit qu'il est né, et qu'il est mort.

air: de Tous les Capucins du monde.

Voila ce que fit une fille
De l'antique et noble famille
des Merards, tous ~~vaillans~~ héros.
ah! que ces fils de la victoire =

Ce Dieu est de tous les lieux, où il n'y a
point de lieux : il est dans les cieux et hors
des cieux ; tout est plein de lui, hors ce qui
n'est pas lui. Que ce Dieu est bon! il a
fait le ciel pour tous ; y va qui peut : c'est
un peu haut et pas trop gai. Il a fait un
grand feu pour ceux qui ne vont pas là haut ;
bien des gens ont froid, car on court là à
qui mieux mieux.

Ce Dieu n'eut pas de corps, tant qu'il fut
chez lui : il prit un corps quand il vint chez
nous. Il le prit dans un corps tout neuf,
sans qu'on y eût rien mis.

Il est mort, où il a fait le mort, deux ou
trois jours, et cequ'il y a de sûr, c'est que
ceux qui l'ont vu mort, l'ont vu au bout
de deux ou trois jours, fort vif et fort sain,
et ils en ont eu peur, mais qui la vu ?
c'est Jean, c'est Marc, c'est Luc, ce n'est
pas moi qui les crois ; ce n'est ni vous ni
moi. Ils l'ont vu deux mois : au bout de ce
tems là, il fut au ciel. C'est où on va le voir
le plus tard que l'on peut.

Par le Ch. de R.

Fin de la seconde Partie.

n'ont ils eu le chantre le Cos
pour chanter dignement leur gloire !

air:
de ce long récit &c.

TABLE

DES MATIERES

CONTENUES

Dans cette seconde Partie.

FIN DE LA TABLE DE LA SECONDE PARTIE.